<그리스도인이면 꼭 알아야 할 성경 지식>

창세기에 나타난 모형들과 원형들 II

서울솔로몬학교 성경연수원

차 례

이 책에 인용된 성경 구절은 〈한글킹제임스성경〉입니다.

제1과
이삭의 아내 리브카를 데려온 엘리에셀

『너는 내 고향 내 친족에게 가서, 내 아들 이삭을 위하여 아내를 얻으라』 (창 24:4).

모형과 원형

"모형"이란 "구약성경의 페이지들에 던져진 그림자로, 그것이 완전히 구체화된 것, 즉 '원형'이 신약성경의 계시를 통해 발견되는 것"을 말한다. 이 구약의 모형들을 정의해 주는 신약의 구절들은 다음과 같다.

골로새서 2:16,17 『**그러므로 음식으로나 마시는 것으로나 거룩한 날이나 새 달이나 안식일들에 관해서는 아무도 너희를 판단하지 못하게 하라. 이런 것들은 다가올 것들의 그림자이나 몸은 그리스도의 것이니라.**』

로마서 5:14 『**그러나 아담으로부터 모세까지 아담의 범죄와 같은 죄를 짓지 아니한 자들 위에도 사망이 군림하였으니 아담은 오실 분의 모형이라.**』

히브리서 9:8,9 『**성령께서 이것을 통해 보여 주시는 것은 첫째 성막이 서 있는 동안에도 지성소로 들어가는 길이 아직 나타나지 않았다는 것이라. 그것은 현재를 위한 모형이었으니, 그에 따라 예물들과 희생제물들을 드려도 양심에 관해서는 섬긴 자를 온전케 할 수 없었도다.**』

베드로전서 3:2 『**물은 예수 그리스도의 부활하심으로 인하여 이제 우리를 구원하는 모형이니, 곧 침례라. (이것은 육체의 더러움을 제거하는 것이 아니라 하나님을 향한 선한 양심의 응답이라.)**』

말하자면 모형을 통해 성경의 "기초 진리들"이 분명하게 설명되는 것이다. 속죄, 대속, 피의 가치와 같은 교리들이 성경 어디에서보다도 모형들을 통해 더 분명하게 가르쳐진다. 모형들만큼 피의 속죄와 관련된 기초 진리들을 잘 설명해 주는 것이 없다. "성경의 영감성"에 대한 우리의 믿음은 "모형"을 학습함으로써 강화될 수 있으며, 모형론은 이 일에 결코 실패하는 법이 없다. 모형론을 공부하면 구약성경에서 놀라운 "예언적 그림들"을 보게 된다.

히브리서 기자는 『**율법에는 다가올 선한 것들의 그림자는 있으나, 그것들의**

형상 자체는 없으므로』(히 10:1)라고 설명하고 있다. 다시 말해 구약의 모형들은 "그림자"에 불과하며, 그림자는 빛을 받아 그것을 드리우는 실체가 없이는 결코 존재할 수가 없다. 그림자는 실체의 불완전한 모습이기 때문에, 구약의 모형들은 원형이 아니라 그 원형의 단면들을 보여 주는 "그림자"에 지나지 않는다.

모형은 인물로 나타나기도 하고, 사건이나 의식들로 나타나기도 하는데, 그것은 미래에 나타날 인물이나 사건, 의식을 미리 보여 주고 있는 것이다. 예를 들면 다음과 같다.

1. 모형적 인물 : 아담, 카인, 아벨, 멜키세덱, 아브라함, 이삭, 요셉, 모세, 여호수아, 다윗, 요나
2. 모형적 사건 : 노아의 홍수, 이집트의 재앙, 유월절, 놋뱀, 요단강을 건넘, 도피성읍
3. 모형적 의식 : 희생제물을 드리는 일, 문둥병자를 깨끗케 하는 의식, 일곱 명절, 환희의 해, 대속죄일
4. 모형적 건축물 : 노아의 방주, 성막, 성전
5. 모형적 기구 : 번제단, 놋대야, 금촛대, 빵을 차려 놓은 상, 향단, 언약궤
6. 모형적 색깔 : 청색, 홍색, 백색, 자주색, 주황색
7. 모형적 숫자 : 1, 2, 3, 4, 5, 6, 7, 8, 9, 10, 11, 12, 13, 40, 1000

■ 새롭게 깨달았거나 적용할 내용이 있다면 적어 보세요. ■

모형에 관한 예수 그리스도의 가르침

『그때 주께서 그들에게 말씀하시기를 "오 어리석은 자들아, 선지자들이 말한 모든 것을 마음에 더디 믿는 자들아, 그리스도가 이러한 고난을 당하고서 그의 영광에 들어가는 것이 당연하지 않느냐?"고 하시며 모세와 모든 선지자들로부터 시작하여 자신에 관하여 모든 성경에 있는 것들을 그들에게 설명하시더라』(눅 24:25-27).

주 예수 그리스도께서는 모형들을 중요하게 생각하셨다. 위의 말씀에서 주님은 엠마오로 가는 두 제자들에게 "**모형**"과 관련된 성경 읽기법을 가르치셨음이 틀림없다. **특히 모세오경과 관련해서는 모형들로 설명하실 수밖에 없으셨는데, 왜냐하면 "여자의 씨"(창 3:15)나 "실로"(창 49:10), "목자, 곧 이스라엘의 돌"(창 49:24), "모세와 같은 선지자"(신 18:15,18)와 같은 직접적인 예언들을 제외하고는 모세오경에서 주님에 관해 설명할 부분은 아담과 이브의 관계나 요셉의 인생, 성막의 제사 제도 등에서 보이는 "모형들"밖에 없기 때문이다.**

예수 그리스도께서 『**모세와 모든 선지자들로부터 시작하여 자신에 관하여 모든 성경에 있는 것들을 그들에게 설명하**』신 것은 "근래에 예루살렘에서 일어났던 일"에 관한 것이었다(눅 24:27). 그 사건들은 구약성경에 이미 그 그림자가 드리워져 있었지만, 그들은 『**모세의 율법과 선지서들과 시편에**』 "주님에 관하여 기록된 모든 것"이 "어떻게 이루어져야 하는가"를 주님께서 보여 주시기 전까지는(눅 24:44,45) 그 익숙했던 구약 구절들을 깨달을 수 없었다. 왜냐하면 원형의 그림자에 불과한 "모형들"이었기 때문이다. **구약 성경에 제시된 모형들을 무시하면 모세의 율법에 예수 그리스도에 관하여 얼마나 많은 내용들이 담겨 있는가를 볼 수 없는 것이다.**

예수 그리스도께서 주님에 관한 구약 성경의 내용을 『**성경을 열어 보여 주실 때**』 두 제자는 마음이 뜨거워졌다(눅 24:32). 이러한 심적 경험은 우리 또한 모형들을 통해 주님의 진리를 깨닫게 될 때에 유사하게 또는 동일하게 맛볼 수 있다.

예수 그리스도께서는 또한 요나가 주님 자신을 예표한다고 말씀하셨다. 『**요나가 사흘 낮과 사흘 밤을 고래 뱃속에 있었듯이, 인자도 그처럼 사흘 낮과 사흘 밤을 땅의 심장 속에 있을 것이라**』(마 12:40). 말하자면 성경의 주인공이신 주 예수 그리스도께서 "모형"을 주님 자신에 관한 진리로 인정하신 것이다.

또한 예수 그리스도께서는 마태복음 13:1-52의 "천국" 비유에 관한 말씀을 다음과 같이 요약하셨다. 『**그때 주께서 그들에게 말씀하시기를 "그러므로 천국에 관한 교훈을 받은 모든 서기관들은 마치 자기 보물창고에서 새 것들과 옛 것들을 꺼내 오는 집주인과 같으니라."고 하시더라**』(마 13:52). 여기서 "옛 것들"은 구약을 가리키고, "새 것들"은 신약을 가리킨다. **"옛 것들"은 구약성경에 나오는 모형들이 포함되며, "새 것들"은 신약성경에서 계시되는 원형들이 포함된다**. 신약은 구약 안에 "감추어져 있고" 구약은 신약 안에서 "나타나는" 것이다. 말하자면 히브리서가 없이는 레위기를 이해할 길이 없고, 요한계시록이 없이는 다니엘서를, 십자가에 못박힌 사실을 설명하고 있는 복음서 없이는 유월절 또는 이사야 53장을 이해할 길이 없다. "모형"과 "원형"을 대조해 가며 성경을 자세히 살펴보고 나면 성경을 기록한 분은 오직 한 분 성령님이심을 알게 된다. 어떤 설교자나 성경 교사가 성령님의 조명을 받아서 구약의 모형으로 신약의 원형을 설명하지 못한다면 그는 성경을 가르칠 자격이 전혀 없는 사람이다.

■ 새롭게 깨달았거나 적용할 내용이 있다면 적어 보세요. ■

신부를 구해 오시는 성령님의 모형, 엘리에셀

『아브라함이 자기가 소유한 모든 것을 관장하는, 자기 집에서 가장 나이 많은 그의 종에게 말하기를 "내가 네게 청하노니, 네 손을 내 넓적다리 밑에 넣으라. 내가 하늘의 하나님이시며, 땅의 하나님이신 **주**를 두고 너로 맹세하게 하리니, 너는 내가 거하는 카나안인들의 딸들 중에서 내 아들을 위하여 아내를 얻지 말고 너는 내 고향 내 친족에게 가서, 내 아들 이삭을 위하여 아내를 얻으라." 하더라』(창 24:2-4).

엘리에셀은 아브라함 집의 가장 나이 많은 종으로, 그 이름의 의미는 "나의 도움이 되시는 하나님"이다. 엘리에셀은 이삭이 태어날 때까지 아브라함 집의 청지기(창 15:2)로서 그의 재산을 관리했다. 엘리에셀은 그 이름의 뜻에 맞게 위대한 위로자이시며 돕는 분이신 성령님의 모형이다.

성령님께서는 예수 그리스도께서 죽으시고 부활하신 후에 아버지 하나님에 의해 세상에 보내지셨다. 예수 그리스도의 죽음과 부활 후에 사람들과 함께 거하도록 보내지신 것이다. **이 점은 아브라함의 독자 "이삭"이 "번제로 바쳐져 죽고 부활한"(창 22장) 후에 "엘리에셀"이 "이삭의 신부"를 구하러 보냄을 받은 (창 24장) 일에서 엿보인다.**

예수님께서는 장차 성령님을 보내셔서 사역하게 하실 것이라고 십자가 이전에 예언하셨고(요 14:16,17; 15:26; 16:13,14), 그 예언들은 갈보리 십자가 이후 사도행전 2장에서 "**오순절**"에 성취되었다. 그렇게 해서 예수님과 임무 교대를 하신 성령님은, 그분께서 찾아온 이 현 세상에서 "그리스도의 신부"를 2천 년 동안 찾고 계신다. 방법은 그리스도인들의 "**복음 전파**"를 통해서이며, 복음을 듣고 영접하는 사람들을 그리스도의 몸 안으로 넣어서(고전 12:13) 그리스도와 한 몸 된 신부가 되게 하신다(고후 11:2, 엡 5:25-32).

"엘리에셀"은 이삭의 신부감인 리브카를 만났을 때 그녀를 "저항할 수 없는 은혜"로 강제로 데려오지 않았다. "리브카"를 데려오는 일에 그녀의 의사를 먼저 물었다. **『그들이 리브카를 불러서 그녀에게 말하기를 "네가 이 사람과 함께 가겠느냐?" 하니, 그녀가 말하기를 "내가 가겠나이다." 하더라』**(창 24:58). 리브카는 자신에게 제시된 어려운 제안에 직면했으니, 즉 자기가 이전에 결코 만난 적이 없는 한 사람을 믿도록 요청받았고, 자신이 결코 돌아오지 못할 땅으로 가도록 요청받았으며, 결코 본 적이 없는 한 남자와 혼인하도록 요청받은 것이다. 이에 리브카는 믿음으로 흔쾌히 수락했다. "리브카"는 "엘리에셀"이 제시한 "이삭"에 관한(요 16:14) 제안을 "<u>자유의지</u>"를 사용하여 결정하고 받아들였던 것이다.

이 교회 시대에 성령님께서 복음 전파를 통해 그리스도의 신부를 찾고 계실 때 죄인들은 그 복음을 듣고 "엘리에셀을 따라 이삭에게로 갈 것인지" 자신의 자유의지로 결정할 수 있다. 그들은 자기가 이전에 결코 만난 적이 없는 한 사람 예수 그리스도를 믿도록 요청받은 것인데, 이 요청을 "믿음으로" 수락해야 한다. 그러면 지금까지 살았던 세상과는 완전히 결별하여 영원한 곳으로 가게 되고, 결코 본 적이 없는 한 남자 예수 그리스도와 혼인하게 된다. <u>이와 같은 초청을 하는 "엘리에셀"을 따를 선택권은 죄인들 자신에게 있으며, 그들이 원하지 않는 한 "엘리에셀"은 그들을 "이삭"에게로 데려갈 수 없다. 죄인들은 얼마든지 성령을 거역할 수 있는 것이다</u>. **『너희 목이 곧고 마음과 귀에 할례를 받지 못한 사람들아, 너희 조상이 한 것과 같이 너희도 늘 성령을 거역하는도다』**(행 7:51).

그러나 죄인이 하나님의 아들에 대한 성령님의 제안을 받아들이면, 그때부터 그는 성령님과 함께 자신의 안내자로서 "성경"만을 가지고 새로운 여행길에 들어서게 된다. 이후 가야 할 곳을 알지 못하나 성령님을 신뢰하고 그분의 인도함을 받는다. 때때로 여정은 기쁘지 않고 어렵지만, 그때마다 성령님께서는 신부가 만날 분에 관하여 말씀하심으로써 용기를 북돋아 주신다. 성령님께서는 "**성경**"에서 진리의 "**약속들**"을 취하여 여행길 내내 신부를 격려하시는데, **성령님 자신에 관해서가 아니라 신부가 만날 분에 관해서만 이야기하신다**. 『**그러나 진리의 영이신 그분이 오시면... 그분은 자신에 관하여 말씀하지 아니하시며... 그분이 나를 영화롭게 하시리니, 이는 그분이 내 것을 받아서 너희에게 알려 주실 것임이라**』(요 16:13,14).

성령님의 인도에 따라 걷던 신부는 결국 "**이삭을 보게**" 된다. 『**리브카가 자기 눈을 들어 이삭을 보고**』(창 24:64). 이 시대에 그리스도인은 단지 믿음의 눈으로(롬 8:24) 예수님을 바라볼 뿐이지만, 언젠가 그 믿음은 "**직접적인 대면**"으로 바뀔 것이다. 『**지금은 우리가 유리를 통해 희미하게 보나 그때에는 얼굴과 얼굴을 마주 볼 것이요, 지금은 내가 부분적으로 아나 그때에는 내가 알려진 것처럼 알게 되리라**』(고전 13:12). "리브카"를 만난 "이삭"은 자신의 신부를 사랑해 줄 것이다. 『**그가 그녀를 사랑하였더라**』(창 24:67). 『**그리스도께서 교회를 사랑하셔서 교회를 위하여 자신을 주신 것같이**』(엡 5:25). 이로써 결코 슬픔도 고통도 없는, 복되고 행복하고 영원한 밀월여행이 모든 영광과 장엄함과 함께 열리게 되는 것이다. 『**이삭이 그녀를 자기 모친 사라의 장막으로 데리고 가서 리브카를 취하니, 그녀가 그의 아내가 되었고 그가 그녀를 사랑하였더라**』(창 24:67).

신부인 "리브카"와 관련된 진리들

이삭은 "**주 예수 그리스도**"의 예표이고, 엘리에셀은 "**성령님**"의 예표이며, 리브카는 "**한 남편에게 정혼한**" 순결한 처녀, 곧 "**교회**"의 예표이다. "아브라함"(아버지 하나님)이 "엘리에셀"(성령님)을 보내어 "이삭"(예수 그리스도)의 "신부"(리브카, 교회)를 데려왔던 사건에서 우리는 다양한 예표들을 읽을 수 있다.

1. 하나님께서는 선택적이고, 선별적이시다. 『**내가 하늘의 하나님이시며, 땅의 하나님이신 주를 두고 너로 맹세하게 하리니, 너는 내가 거하는 카나안인들의 딸들 중에서 내 아들을 위하여 아내를 얻지 말고 너는 내 고향 내 친족에게 가서, 내 아들 이삭을 위하여 아내를 얻으라**』(창 24:3,4). 하나님께서는 아들의 "신부"를 구하기 위해 수많은 은하계와 별들 중에서 "지구"를 택하셨다.

2. 구원에는 "두 번째 기회"가 없다. 『**그 종이 그에게 말하기를 "혹시 여자가 이 땅으로 나를 따라오기를 원치 아니하면, 내가 주인의 아들을 주인이 나오신 그 땅으로 다시 데리고 가리이까?" 하니, 아브라함이 그에게 말하기를 "너는 내 아들을 그곳으로 다시 데리고 가서는 안 됨을 알아야 하느니라**』(창 24:5,6). 『**한 번 죽는 것은 사람들에게 정해진 것이고 그 뒤에 심판이 정해진 것같이**』(히 9:27).

3. 하나님께서는 자기 아들을 위해 깨끗한 여자를 원하신다. 즉 "점이나 흠이 없는 여인"을 원하신다. 『**그 소녀는 보기에 심히 아름답고, 아직 남자를 모르는 처녀더라**』(창 24:16).

4. 신부는 신랑을 보기 전에 성령님에 의해 유업의 "보증"을 받는다. 『**그 종이 은 장신구들과 금 장신구들과 의복을 꺼내서 리브카에게 주고 그녀의 오라비와 어미에게도 귀한 것들을 주니라**』(창 24:53). 『**너희도 진리의 말씀, 곧 너희 구원의 복음을 듣고서 그분을 신뢰하였으니 또 너희가 그분을 믿고서 약속의 그 성령으로 인침을 받은 것이니라. 이는 값 주고 사신 그 소유를 구속하기까지 우리의 유업의 보증이 되사 그의 영광을 찬양케 하려 하심이니라**』(엡 1:13,14).

5. 신부는 성령님의 길을 간다. 신부 자신의 길을 가는 것이 아니다. 『**리브카가 일어나서 그녀의 몸종들과 함께 낙타들을 타고 그 사람을 따르니, 그 종이 리브카를 데리고 그의 길을 가더라**』(창 24:61). 리브카는 그녀가 전혀 알지

못하는 낯선 나라로 "엘리에셀"과 함께 갔다. 자기가 가고 있는 방향에 대해 거의 알지 못했지만 주인인 "아브라함"에 의해 보내진 인도자 "엘리에셀"을 신뢰함으로써 "엘리에셀"이 그 낯선 길을 알고 있다는 믿음으로 따라갔다. cf. 『무릇 **하나님의 영으로 인도함을 받는 이들은 곧 하나님의 아들들이니라**』(롬 8:14).

6. 저녁 때가 되어 은혜 시대가 끝나 가면, 그리스도께서는 이 지구의 대기권으로 내려오실 준비를 하실 것이다. 『**이삭이 저녁 때에 들에 나가 묵상하였는데, 그가 눈을 들어 보니, 보라, 낙타들이 오고 있더라**』(창 24:63). 이때 참된 그리스도의 신부는 그녀의 벌거벗음을 가리고 자신을 세상으로부터 분리시킨다. 『**리브카가 자기 눈을 들어 이삭을 보고 낙타에서 내렸으며, 이는 그녀가 그 종에게 말하기를 "들에서 우리를 만나러 걸어오는 사람이 누구뇨?" 하니 그 종이 말하기를 "나의 주인이니이다." 하였음이라. 그러므로 그녀가 너울을 들어 자신을 가리더라**』(창 24:64,65).

신부인 "리브카"는 시리아의 "이방인"이었으며, 신약성경에서 예수 그리스도를 의미하는 "아브라함의 씨"와 결혼한다. 『이는 아브라함의 복이 예수 그리스도로 말미암아 이방인들에게 미치게 함이며 또 우리로 하여금 믿음으로 말미암아 성령의 약속을 받게 하려는 것이라. 형제들아, 사람의 관례대로 말하노니 사람의 언약일지라도 확정되고 나면 아무도 폐기하거나 덧붙이지 못하느니라. 이제 그 약속들은 아브라함과 그의 씨에게 하신 것인데 많은 사람을 가리켜 씨들이라고 말씀하지 아니하시고 한 사람을 가리켜 너의 씨라고 말씀하셨으니 그는 그리스도시라. 이제 내가 이것을 말하노니 하나님께서 그리스도 안에서 미리 확정하신 언약을 사백삼십 년 후에 생긴 율법이 폐기시킬 수 없으며 그 약속을 무효화할 수 없느니라』(갈 3:14-17).

"리브카"는 자기 고향과 친척을 "떠나도록 부름받았으며(『**하나님께서 우리를 구원하시고 거룩한 소명으로 부르심은 우리의 행위에 따라 하신 것이 아니라 그분의 목적과 은혜에 따라 하신 것이니, 이는 세상이 시작되기 이전에 그리스도 예수 안에서 우리에게 주신 것이라.**』- 딤후 1:9, cf. 행 15:14), "사라"의 복을 상속받는다. 『**이삭이 그녀를 자기 모친 사라의 장막으로 데리고 가서 리브카를 취하니, 그녀가 그의 아내가 되었고 그가 그녀를 사랑하였더라. 이삭이 자기 모친이 죽고 난 후 위로를 받았더라**』(창 24:67). (사라는 이스라엘의 예표이다, 롬 11:1-23).

"리브카"는 "이삭"을 보지 않고 믿는 "믿음"이 있었으며, 그리하여 "믿음으로 말미암아"(엡 2:8,9) 올바른 남자와 혼인하게 된다. 『**너희가 그를 보지 못하였으나 사랑하며, 지금도 그를 보지 못하나 믿고 있으며, 또 말할 수 없이 영광으로 가득 찬 기쁨으로 즐거워하나니 이는 너희 믿음의 결과, 곧 너희 혼들의 구원을 받음이니라**』(벧전 1:8,9).

"리브카"가 약혼한 상태에서 받은 약조물들은 "성령의 열매들"에 해당된다. 그것들은 그리스도의 심판석에서 전시될 것이다(창 24:53과 고전 3:8-12).

신부와 관련된 성령님의 "계속된" 사역

성령님께서는 죄인을 거듭나게 하여 그리스도의 신부로 삼으신 후, 지상에서 그 신부를 위한 사역을 멈추지 않으신다.

1. 성령님께서는 거듭난 성도에게 그가 하나님의 자녀임을 확신시켜 주며 예수 그리스도와 일치하도록 하신다(갈 4:6, 롬 8:16,17).

2. 성령님께서는 성도를 성령님 자신으로 채우셔서 승리의 생활을 하게 하

신다(엡 5:18, 행 4:31).

3. 성령님께서는 성도를 거룩하게 하시고(살후 2:13) 세상에서 따로 분리하여 성결케 하신다(벧전 1:2).

4. 성령님께서는 성도를 하나님의 말씀으로 가르치신다(요 14:26).

5. 성령님께서는 성도에게 그가 듣고 배운 모든 것들을 생각나게 하신다(요 14:26).

6. 성령님께서는 성도 안에서 주 예수 그리스도를 끊임없이 계시하신다(요 15:26).

7. 성령님께서는 성도 안에서 역사하시어 그 성도를 모든 진리로 인도하신다(요 16:13).

8. 성령님께서는 성도가 약할 때에도 하나님께 순종할 수 있는 능력을 주신다(겔 36:27).

9. 성령님께서는 성도에게 그 어떤 대가를 치를지라도 진리에 순종할 수 있는 능력을 주신다(벧전 1:22).

10. 성령님께서는 성도에게 죄와 사망의 법으로부터 자유를 주신다(롬 8:2).

11. 성령님께서는 성도에게 육신을 극복할 수 있는 승리를 주심으로써 하나님을 기쁘시게 할 수 있게 하신다(롬 8장).

12. 성령님께서는 성도에게 능력을 주셔서 몸의 행실을 죽일 수 있게 하신다(롬 8:13).

13. 성령님께서는 하나님의 뜻 안에서 성도의 기도 생활을 인도하신다(롬 8:26,27).

14. 성령님께서는 성도가 성령님께 순종할 때 육신의 욕망을 이길 수 있는 승리를 주신다(갈 5:16,17).

15. 성령님께서는 성도가 율법 아래 있지 않고 예수 그리스도 안에서 자유롭도록 도우신다(갈 5:18).

16. 성령님께서는 성령의 열매를 맺게 하신다(갈 5:22,23).

17. 성령님께서는 하나님 아버지를 슬프게 하는 것들은 제거하도록 도와주신다(엡 4:30-32).

18. 성령님께서는 성도가 주를 의지할 때 그에게 쉼을 주신다(사 63:14).

19. 성령님께서는 예수 그리스도께서 성도의 삶의 주가 되시도록 하신다(고전 12:3). 성령님께서는 성도의 개인적 삶의 주이시자 통치자가 되시는 예수 그리스도를 높이시는 일을 하신다.

20. 성령님께서는 성도에게 자유를 주신다(고후 3:17).

21. 성령님께서는 성도의 마음에 하나님의 사랑을 주셔서(롬 5:5) 좋아하지 않는 사람들을 사랑할 수 있게 하시고, 힘든 때에도 성도의 적들을 용서할 수 있는 능력을 주신다.

22. 성령님께서는 성도들에게 기쁨과 행복과 만족을 주신다(롬 15:13).

23. 성령님께서는 능력으로 속사람을 강건하게 하여 마귀를 대적하게 하신다(엡 3:16).

24. 성령님께서는 하나님의 자녀들에게 의와 화평과 기쁨을 주신다(롬 14:17; 15:13).

25. 성령님께서는 하나님의 깊은 것들을 계시하시고, 해석하고 적용하게 하신다(고전 2:9-14).

26. 성령님께서는 우리에게 진리를 다른 사람들에게 전할 수 있는 능력을 주신다(행 1:8, 살전 1:5).

27. 성령님께서는 성도에게 하나님께 경배하는 마음을 주신다(요 4:23, 빌 3:3).

28. 성령님께서는 우리로 하늘에 계신 아버지 하나님께 직접 나아갈 수 있도록 하신다. 우리는 성령님을 통해 기도할 때 대리자 없이 바로 보좌 앞에 나아갈 수 있다(엡 2:18).

제1과
복습문제

1. 엘리에셀은 그 이름의 의미가 "나의 (   )이 되시는 하나님"이다.

2. 이삭은 "주 예수 그리스도"의 예표이고, 엘리에셀은 (   )의 예표이며, 리브카는 "한 남편에게 정혼한" 순결한 처녀, 곧 (   )의 예표이다.

3. 성령님께서는 이 현 세상에서 "그리스도의 신부"를 2천 년 동안 찾고 계시며, 그 방법은 그리스도인들의 (   )를 통해서이다.

4. "리브카"는 "엘리에셀"이 제시한 "이삭"에 관한 제안을 "(   )"를 사용하여 결정하고 받아들였다.

5. "리브카"는 "이삭"을 보지 않고 믿는 (   )이 있었으며, 그리하여 "(   )으로 말미암아"(엡 2:8,9) 올바른 남자와 결혼하게 된다.

■ 새롭게 깨달았거나 적용할 내용이 있다면 적어 보세요. ■

NOTES

NOTES

제2과

고난의 목자 야곱

『내 순례길 세월이 일백삼십 년이니 이다. 내 생애의 세월이 짧고 험악하였으나 내 조상들의 순례의 날들, 곧 그들의 생애의 세월에는 미치지 못하였나이다』(창 47:9).

야곱의 "고난 130년"의 인생

『요셉이 자기 아비 야곱을 인도하여 파라오 앞에 서게 하니 야곱이 파라오에게 축복해 주더라. 파라오가 야곱에게 묻기를 "당신의 연세가 얼마나 되느뇨?" 하니, 야곱이 파라오에게 말하기를 "내 순례길 세월이 일백삼십 년이니이다. 내 생애의 세월이 짧고 험악하였으나 내 조상들의 순례의 날들, 곧 그들의 생애의 세월에는 미치지 못하였나이다." 하고 야곱이 파라오에게 축복해 주고 파라오 앞에서 나오니라』(창 47:7-10).

야곱은 험난한 인생을 살았다. 파라오가 "당신의 연세가 얼마나 되느뇨?"라고 묻자 야곱은 자신의 생애의 세월이 "짧고 험악했다"고 대답했다. 이때 그의 나이 130세였다. 물론 파라오 앞에 선 야곱은 부유했고 여러모로 복을 받았지만 그가 보냈던 130년이라는 세월은 실로 많은 아픔과 고난으로 점철되어 있었다. 그 고난의 세월에 하나님께서는 야곱과 함께하셨고, 술수에 능하고 완벽하지 않았던 한 사람의 인생에 동행해 주셨다. 결코 쉽지 않은 슬픔의 인생 여정에 함께해 주신 것이다. 야곱이 파라오 앞에 서서 "내 생애의 세월이 짧고 험악하였으나 내 조상들의 순례의 날들, 곧 그들의 생애의 세월에는 미치지 못하였나이다."라고 말하기까지의 야곱의 130년 생애를 훑어보면 다음과 같다.

1. 야곱과 에서, 이 쌍둥이 형제는 태에서 몇 달 동안 싸웠다(창 25:22).

2. 장자권의 복을 속임수로 빼앗았다가 형 에서의 미움과 살해 위협이 두려워 파단아람으로 도망을 쳤다(창 27:1-28:7).

3. 파단아람의 삼촌 라반에게 속아, 사랑하는 라헬을 위해 7년 동안 일하지

만 언니 레아와 혼인하게 되었다. 라헬을 얻기 위해서 삼촌 라반에게 7년을 더 일하도록 강요받았다(창 29:15-28).

4. 서로 시기하여 아이 낳기 경쟁을 하는 두 아내를 데리고 살았으며, 언니 레아와 달리 자식을 낳지 못하는 라헬과 불화를 겪었다. 『**라헬은 자기가 야곱에게 자식들을 하나도 낳아 주지 못함을 보고 언니를 시기하여 야곱에게 말하기를 "나로 자식을 낳게 하라. 그렇지 아니하면 내가 죽으리라." 하니, 야곱이 라헬에게 화를 내며 말하기를 "내가 네게서 태의 열매를 못 맺게 하신 하나님의 대리자겠느냐?" 하니**』(창 30:1,2).

5. 라반의 아들들의 시기와 미움을 받았고, 라반과의 불편한 관계로 스트레스를 겪었다. 『**야곱이 라반의 아들들의 말을 들었는데 말하기를 "야곱이 우리 아버지의 것을 모두 빼앗아 갔으며 우리 아버지의 것으로 그가 이 모든 영광을 차지했도다." 하더라. 야곱이 라반의 안색을 보았더니, 보라, 자기에게 대함이 전과 같지 아니하더라**』(창 31:1,2).

6. 야곱의 삼촌 라반은 야곱을 속이며 그의 품삯을 10번이나 변경시켰다(창 31:7,41).

7. 삼촌 라반에게 갖은 구실로 이용당하여 쉼을 얻지 못한 세월을 20년이나 보냈다. 『**짐승들에게 찢긴 것은 내가 외삼촌에게로 가져가지 아니하고 내가 그 손실을 보충하였으며, 낮에 도둑을 맞았거나 밤에 도둑을 맞았거나 외삼촌께서는 내 손에서 그것을 요구하였나이다. 이와 같이 나는 낮에는 갈증으로, 밤에는 서리로 지쳤으며, 눈붙일 겨를도 없었나이다. 이같이 내가 외삼촌의 집에서 이십 년을 지냈으니, 외삼촌의 두 딸을 위하여는 십사 년을, 외삼촌의 양떼를 위하여는 육 년을 봉사하였으나, 외삼촌은 내 품삯을 열 번이나 변경하였나이다**』(창 31:39-41).

8. 집을 떠난 후 어머니 얼굴을 보지 못했다. 『**아브라함과 그의 아내 사라가 거기에 장사되었고 이삭과 그의 아내 리브카도 거기에 장사되었으며, 내가 레**

이를 그곳에 장사하였느니라』(창 49:31).

9. 친족의 땅으로 돌아가던 야곱은 형 에서에게서 스스로 살해 위협을 느꼈다. **『심부름꾼들이 야곱에게 돌아와서 말하기를 "우리가 당신의 형 에서에게 갔더니, 그도 사백 명을 데리고 당신을 만나러 오더이다." 하니, 야곱이 몹시 두려워하고 불안해 하여, 자기와 함께한 사람들과 양떼들과 소떼들과 낙타들을 두 무리로 나누고, 말하기를 "만일 에서가 와서 한쪽 일행을 치면, 남은 다른 일행은 피하리라." 하더라』**(창 32:6-8).

10. 하나님과 씨름하다가 야곱의 넓적다리가 위골되어 절름발이가 되었다(창 32:25).

11. 딸 디나가 히위인에게 강간을 당하는 치욕을 겪었다(창 34:1,2).

12. 야곱의 아들들이 여동생 디나의 일로 인해 세켐의 성읍에서 대살육을 저질렀다(창 34:25,26).

13. 사랑하는 아내 라헬이 베냐민을 낳다가 죽었다(창 35:16-20).

14. 야곱의 맏아들 르우벤이 야곱 자신의 첩 빌하와 동침하는 수치를 겪었다(창 35:22).

15. 야곱 자신이 사랑하는 아들 요셉을 오랜 세월 동안 잃어버린 채 지내게 되었다. 노예로 팔려간 요셉이 짐승에게 찢겨 죽은 것으로 알고서 매우 고통스러워했다(창 37:18-36).

16. 아들 시므온이 이집트에서 결박되고, (그 자신의 생각에) 요셉에 이어 베냐민마저 빼앗길 위기에 처했다(창 42:36).

17. 온 가족이 기근을 피해 이집트로 피난을 가야 했다(창 46장).

이처럼 야곱의 생애의 세월은 짧고 험악했다. 속임수와 시기, 고통, 장애, 강간, 살육, 사별, 음행, 각종 두려움으로 점철된 인생은 한 인간이 헤쳐 나가기에 결코 쉬운 것이 아니었다. **『내 생애의 세월이 짧고 험악하였으나』**(창 47:9).

야곱의 간증은 어떤 그리스도인의 간증이 될 수도 있다. 그러한 인생은 그리스도인이 하나님의 뜻과 계획에서 벗어나 자기 스스로 인생을 계획하고 추진하려 했을 때 닥쳐 올 수 있는 것이다. 성도의 인생에서 중요한 것은 그를 향하신 하나님의 뜻을 알고 그것을 실행에 옮기는 것이며, 그것이 바로 그리스도인의 성공하는 인생이 된다. 『**그러므로 형제들아, 내가 하나님의 모든 자비하심으로 너희에게 권고하노니, 너희 몸을 하나님께서 기뻐하시는 거룩한 산 제물로 드리라. 이것이 너희가 드릴 합당한 예배니라. 너희는 이 세상과 일치하지 말고 너희 마음을 새롭게 함으로써 변화를 받아 하나님의 선하시고 기뻐하시고 온전하신 뜻이 무엇인지 입증하도록 하라. 내게 주신 은혜로 인하여 너희 중 각 사람에게 말하노니 자신에 대하여 마땅히 생각할 그 이상의 생각을 품지 말고 다만 하나님께서 각 사람에게 나누어 주신 믿음의 분량에 따라 건전하게 생각하라**』(롬 12:1-3). 『**네 마음을 다하여 주를 신뢰하고, 네 자신의 명철을 의지하지 말라. 네 모든 길들에서 그를 인정하라. 그리하면 그가 네 길들을 지도하시리라**』(잠 3:5,6).

하나님께서는 고난이 가득한 야곱의 인생에도 함께하셨다. 성도의 인생이 항상 완벽한 것은 아니라 해도, 하나님께서 함께하시는 인생에는 희망이 있다. 인생의 문제들로 낙담하거나 하나님이 함께하시지 않는 것처럼 자신을 자책하지 말라. 하나님께서는 야곱의 고난과 슬픔, 고통 중에도 함께하셨다. 하나님께서 함께하셨을 때 야곱은 마침내, 진정한 "이스라엘"이 될 수 있다.

드디어 야곱은 하나님께서 원하시는 바, 곧 "하나님의 통치자(이스라엘)"가 되었다. 그는 이집트의 파라오 앞에서도 굽실거리거나 위축되지 않았다. 그는 에서 앞에서처럼(창 33장) 굴지 않았고 뇌물로 호의를 얻으려고도 하지 않았으며(창 32장) 파라오의 환심을 사기 위해 어떤 사전 계획도 세우지 않았다. 야곱은 똑바로 선 채로 파라오를 만났고 이스라엘 민족의 선지자적 목자장의 역할을 그대로 수행하였다. 그는 자신의 생애를 간략히 간증하고서 왕의 머리에 손을 얹고 축복을 해주었다(10절). 창세기 30:37과 32:7에서의 야곱으로부터 실로 이렇게 변화되기까지는 오랜 세월이 걸렸다. 세월과 은총은 옛 "찬탈자"를 놀랍게 변화시켰다. 그의 머리는 아마 옛날부터 계신 분처럼(단 7:9) 하얗게 되었을 것이다. 나이가 먹어 주름살이 패였고 기력은 쇠했어도 하나님의 은혜는 그의 육신적 모습들을 영광의 표식으로 변모시켰고, 그의 이마의 주름살은 "하나님께서 내 자아와 마귀의 역사에도 불구하고 나를 빚어 내셨도다. 이제 그분께서 내 인생 여정의 나머지를 인도하사 나를 본향으로 인도하시리라"고 고백하는 것 같다(롬 8:34-39).

이처럼 성경은 성도가 겪는 "고난의 유익"을 다음과 같은 다양한 구절들을 통해 계시한다.

『자녀이면 또한 상속자들이니 하나님의 상속자들이요, 그리스도와 함께한 공동 상속자들이니 우리가 그와 함께 고난을 받은 것은 함께 영광도 받게 하려 함이니라. 이는 현재의 고난들이 우리에게 나타나게 될 영광에 감히 비교되지 못한다고 내가 여기기 때문이라』(롬 8:17,18).

『우리의 모든 환난 가운데서 우리를 위로하시는 분이시라. 그러므로 우리 자신이 하나님께 받은 위로로써 어떠한 고난 중에 있는 사람들도 위로할 수 있는 것이라』(고후 1:4).

『그리스도를 위하여 그것이 너희에게 주어진 것은 그를 믿을 뿐만 아니라 그를 위하여 고난도 받게 하려는 것이니』(빌 1:29).

『그런즉 너는 예수 그리스도의 훌륭한 군사로서 고난을 견뎌 내라』(딤후 2:3).

『우리가 참으면 우리도 그와 함께 다스릴 것이요 우리가 그를 부인하면 그도 우리를 부인할 것이라』(딤후 2:12).

『그러나 너는 모든 일에 정신을 차리고, 고난을 견디며, 전도자의 일을 하고 네 직무를 완수하라』(딤후 4:5).

『그런즉 예수께서도 자신의 피로써 사람들을 거룩하게 하시려고 성문 밖에서 고난을 받으셨느니라. 그러므로 우리도 그의 수치를 짊어지고 진영 밖에 있는 그에게로 나아가자』(히 13:12,13).

『너희 가운데 고난받는 자가 있느냐? 그는 기도할 것이요, 즐거워하는 자가 있느냐? 그는 시로 노래할지니라』(약 5:13).

『이를 위하여 너희가 부르심을 받았으니, 그리스도도 우리를 위하여 고난을 받으시고, 우리에게 한 본을 남겨 놓으시어, 너희로 그의 발자취를 따르게 하셨느니라』(벧전 2:21).

『그러나 너희가 의를 위하여 고난을 당한다면 복 있는 자들이니 그들의 위협에 두려워하지 말고 동요되지 말라』(벧전 3:14).

『그러나 만일 너희가 그리스도인으로서 고난을 당하면 부끄러워하지 말고 오히려 그 일로 인하여 하나님께 영광을 돌리라』(벧전 4:16).

『그러나 모든 은혜의 하나님, 곧 그리스도 예수로 인하여 그의 영원한 영광으로 우리를 부르신 분께서, 너희가 잠깐 고난을 받은 후에 너희를 온전케 하시고, 견고케 하시며, 힘을 주시고, 확고히 하시느니라』(벧전 5:10).

야곱, 그리스도의 모형

구약성경에는 "선한 목자"이신 예수 그리스도를 예표하는 목자들이 나온다. "아벨"은 "자기 형제의 손에 피를 흘리고 희생을 당하여 생명을 드린 목자"로서

의 예수 그리스도를 보여 주고, "요셉"은 "자기 형제들에게 거절당하고 세상 사람들의 구주로서 높여진 목자"로서의 예수 그리스도를 보여 준다. 또한 "모세"는 "민족의 해방자로서의 목자"이신 예수 그리스도를, "다윗"은 "왕으로서 통치하는 목자"로서의 예수 그리스도를 보여 준다. 그렇다면 "야곱"은 어떠한가?

야곱 또한 "목자"였으며, 그는 "고난의 목자"로서의 "선한 목자"를 예표한다.

1. 우선 야곱은 "둘째" 아들이면서 "장자권"을 갖게 되었다는 점에서 예수 그리스도의 모형이다. **원래 장자권은 형 에서에게 속했지만 동생 야곱에게 넘어갔듯이, 첫째 사람 아담에게 주어졌던 통치권이 둘째 사람이자 마지막 아담이신 예수 그리스도께로 넘겨졌다.**

2. 야곱은 형 에서에게 미움을 받았고 그가 종으로서 수고한 먼 땅으로 도망쳤다. 그는 그곳에서 삼촌 라반에게 종으로서 이용당했다. **예수 그리스도 역시 그분의 아버지 집(셋째 하늘)을 떠나 그분의 형제들(유대인들)을 방문하기 위해 먼 나라(세상)로 가셨는데, 그분은 거기서 종의 형체를 취하시고 고난을 견디셨다.** **『너희 안에 이 생각을 품으라. 곧 그리스도 예수 안에도 있는 생각이라. 그는 하나님의 형체로 계시므로 하나님과 동등하게 되는 것을 탈취라 생각지 아니하셨으나 오히려 자신의 영예를 버리고 종의 형체를 입으시어 사람들의 모습을 취하셨느니라. 그리하여 사람과 같은 모양으로 나타나셔서 자신을 낮추시고 죽음에까지 순종하셨으니 십자가의 죽음에까지지라』**(빌 2:5-8).

3. 야곱은 먼 나라에 있는 삼촌 라반의 집에서 그의 두 딸인 레아와 라헬을 알게 되었다. 이 둘은 야곱의 아내가 되었는데, 원래의 계약은 라헬을 아내로 얻는 것이었다. 야곱은 라헬을 위해서 7년 동안이나 수고를 했지만, 그 7년 끝에 라헬을 얻지 못하고 그녀의 언니 레아를 그의 첫 번째 아내로 삼아야 했다. 야곱은 라헬을 위해 7년을 더 섬겨야 했다. 말하자면 야곱은 라헬을 택했지만, 라헬은 제외되고 레아가 그녀를 대신했다. **그렇기에 "레아"는 "교회"를 상징하고, "라헬"은 교회 시대에 잠시 제외된 "이스라엘"을 상징한다고 볼 수 있다. 왜**

나하면 예수님께서 처음 원하셨던 것은 "이스라엘"이었지만, 초림 때의 사역이 실패함으로써 "교회"가 대신 주님께 주어졌기 때문이다. 그뿐 아니라 "라헬"은 잉태하지 못했지만 "레아"는 처음부터 다산했는데, 이 점 역시 "레아"가 십자가의 구속 사역 이후로 열매를 맺고 있는 "교회"를 상징한다고 볼 수 있게 한다. **"라헬"이 상징하는 "이스라엘"은 이 교회 시대에 열매 없는 무화과나무와 같은 신세이다(마 21:18,19)**.

하지만 이스라엘은 마치 불임의 라헬이 자녀를 낳기 시작했듯이 결국 열매를 맺게 될 것이다(재림 때 있을 "이스라엘의 회복"). 이스라엘에게도 "요셉"과 "베냐민"을 낳게 될 시기가 오는 것이다. 이러한 이스라엘의 열매 맺음이 이사야 54장에 언급되어 있다. **『오 잉태하지 못한 자여, 아기를 낳지 못한 너는 노래하라. 아기로 진통하지 못한 너는 노래를 터뜨리고 큰 소리로 외치라. 이는 홀로 사는 여인의 자식이 혼인한 아내의 자식보다 더 많음이라. 주가 말하노라... 너를 지으신 분이 네 남편이니 만군의 주가 그의 이름이며, 너의 구속주, 이스라엘의 거룩한 분이라. 그가 '온 땅의 하나님이라.' 칭함을 받으리라. 네가 거절 당했을 때 주가, 버림받고 영 안에서 슬퍼하는 여인같이, 젊은 아내같이 너를 불렀노라. 네 하나님이 말하노라. 잠시 동안 내가 너를 버렸으나 큰 자비로 내가 너를 모을 것이니라. 적은 진노로 내가 내 얼굴을 네게서 잠시 감추었으나 내가 영원한 인자함으로 네게 자비를 베풀리라. 주 네 구속주가 말하노라』**(사 54:1,5-8).

이제 얼마 안 있으면 교회가 들림받고 하나님께서는 "이스라엘"을 다루기 시작하실 것이다. "야곱의 고난의 때"(렘 30:7)라고 불리는 "대환란" 끝에 이르면 재림하시는 주 예수 그리스도가 그들이 찔렀던 바로 그분임을 깨닫게 될 것이고, 그때서야 그분을 그들의 하나님으로서 영접하게 될 것이다. 『그 날이 오면, 내가 예루살렘을 치러 오는 모든 민족들을 멸하고자 하리라. 또 내가 다윗의 집과 예루살렘의 거민들 위에 은혜와 간구의 영을 부어 주리라. 그러면 그들은 그들이 찔렀던 나를 쳐다볼 것이며, 그들이 그를 위하여 애통하리니, 마치 어떤 사람이 자기 외아들을 위하여 애통함같이 할 것이요, 그들이 그를 위하여 비통에 잠기리니 마치 어떤 사람이 자기 첫아들을 위하여 비통에 잠기듯 하리라』(슥 12:9,10).

■ 새롭게 깨달았거나 적용할 내용이 있다면 적어 보세요. ■

제2과
복습문제

1. 『내 순례길 세월이 일백삼십 년이니이다. 내 생애의 세월이 짧고 (　　　　) 하였으나 내 조상들의 순례의 날들, 곧 그들의 생애의 세월에는 미치지 못하였나이다』(창 47:9).

2. 야곱과 같은 인생은 그리스도인이 (　　　　　)의 뜻과 계획에서 벗어나 자기 스스로 인생을 계획하고 추진하려 했을 때 닥칠 수 있다.

3. 성도의 인생이 항상 완벽한 것은 아니라 해도, (　　　　　)께서 함께하시는 인생에는 희망이 있다.

4. 『그러나 너는 모든 일에 정신을 차리고, (　　　　　)을 견디며, 전도자의 일을 하고 네 직무를 완수하라』(딤후 4:5).

5. 『그러나 만일 너희가 (　　　　　　　　)으로서 고난을 당하면 부끄러워하지 말고 오히려 그 일로 인하여 하나님께 영광을 돌리라』(벧전 4:16).

6. 야곱은 (　　　　　)의 목자로의 예수 그리스도의 모형이다.

■ 새롭게 깨달았거나 적용할 내용이 있다면 적어 보세요. ■

NOTES

제3과
미움받고 고난당한 요셉

『그의 형들은 그들의 아버지가 모든 형제들보다 그를 더 사랑함을 보고 그를 미워하여 그에게는 말도 온순하게 하지 않았더라』(창 37:4).

미움받으신 예수님

이천 년쯤 전에 이 땅에 오셨던 주 예수님께서는 사람들에게서 멸시받고 거부되었으며 슬픔의 사람이요 질고에 익숙한 사람이셨다(사 53:3). 그분께서는 인류를 구원하시면서도 어떠한 환호성도 받지 못하셨고, 오히려 살인자만도 못한 취급을 받으셔야 했다(막 15:6-15). 그런 주님의 모습을 가장 선명한 그림으로 보여 주는 구약의 인물 가운데 하나가 요셉이다. 요셉은 140가지, 또는 그 이상의 측면에서 주 예수 그리스도를 예표한다는 말이 있을 만큼 그분을 강력하게 예시하는 인물이기에, 그의 생애를 곱씹어보면 주님께서 우리를 위해 감당하신 미움이 얼마나 큰 것이었는지를 느껴 볼 수 있다.

형들에게 미움받다

『그의 형들은 그들의 아버지가 모든 형제들보다 그를 더 사랑함을 보고 그를 미워하여 그에게는 말도 온순하게 하지 않았더라. 요셉이 꿈을 꾸고 그가 그것을 자기 형들에게 이야기했더니, 그들이 그를 더욱 미워하였더라』(창 37:4,5).

요셉은 태생부터 시기받을 운명이었다고 해도 과언이 아니다. 그의 아비 야곱이 진심으로 원했던 유일한 여자는 라헬이었기에(창 29:18-20), 이제는 볼 수 없는 라헬에게서 난데다 늙어서 얻기까지 한 요셉은 야곱에게 정말로 특별했다. 형들 입장에서는 아버지가 아예 옷부터 다르게 입히면서 숨길 생각도 없이 편애하는 요셉이 미울 수밖에는 없었다. 염료가 귀했던 고대에는 채색옷은 왕가의 자제들이나 입을 수 있는 귀한 옷이었는데(삼하 13:18), 그런 옷을 혼자만 입고서 자신들의 비행을 아버지에게 일러바치는 요셉의 모습이 얼마나 꼴 보기 싫었을지는 인간적으로 충분히 공감이 간다.

요셉이 형들로부터 더욱 미움을 사게 되었던 계기가 있었으니, 자신이 꾼 두 개의 꿈을 이야기한 것이었다. 첫 번째 꿈의 내용인즉 형제들이 함께 곡식단을 묶었는데, 자신의 단은 똑바로 섰고 형들의 단들이 둘러서서 그것에 경의를 표하더라는 것이었다. 두 번째 꿈은 해와 달과 열한 개의 별들이 자신에게 경의를 표했다는 내용이었다. 이야기했을 때의 결과가 충분히 예측 가능한 꿈들이었으므로 침묵할 법도 했건만 요셉은 굳이 말을 꺼냈고, 형들은 그 의미를 곧바로 깨닫고는 화를 냈다. 특히 두 번째 꿈 이야기는 야곱조차 한 소리 하지 않을 수 없는 것이었는데, 요셉의 형제들뿐만 아니라 아비와 어미까지도 그에게 엎드려 절하게 된다고 해석되었기 때문이었다.

요셉의 첫 번째 꿈은 당대에 현실로 이루어졌다(창 44:14). 두 번째 꿈은 요셉이 예표하는 분이신 주 예수 그리스도께서 재림하실 때 성취될 터인데(계 12:1 참고), 그때에는 야곱과 그의 씨인 이스라엘의 열두 지파가 그분의 발 앞에 엎드릴 것이기 때문이다(사 27:12,13).

요셉이 형들로부터 받은 이상의 미움은 주 예수 그리스도께의 그것과 정확하게 포개어 진다. 주 예수님께서도 다른 "하나님의 아들들"(창 6:2, 출 4:22)과는 구별되는 "특별한 아들"이셨고(요 1:18; 3:16), 그러한 신분으로 인해 미움을 받으셨다(요 10:33,36). 요셉만이 왕가의 옷인 "채색옷"을 입었던 것같이 그분께서는 유대인들 가운데 유일하게 왕으로서의 정통성을 가진 분이셨으나(렘 22:24-30, 마 1장, 눅 3:23-32), 그분의 백성들이자 형제들인 유대인들은 이를 탐탁지 않게 여겼다. 주님께서는 요셉이 형들의 비행을 아버지께 고했던 것처럼 세상에 관하여 그 일들이 악하다고 증거하셨으며(요 7:7), 당대의 유대인들의 죄상을 조목조목 지적하셨다(마 23장).

주님께서는 요셉처럼 아무것도 거짓말로 꾸며 내지 않으셨고 다만 사실, 즉 진리를 아시는 분으로서 침묵하지 않으셨을 뿐인데도 "까닭 없이" 미움을 받으셨다(요 15:25). 역설적이게도 그분의 말씀은 진리였기에 받아들여질 수가 없었다(요 8:45). 그분의 말씀을 듣는 사람들이 요셉의 형들처럼 무엇이 진리인지에는 관심이 없고, 오직 자신들의 처지에만 관심이 있는 자들이었기 때문이었다(시 4:2, 렘 5:31 참고).

이집트로 팔려가다

『그때 미디안 상인들이 지나가는데 그들이 요셉을 구덩이에서 들어올려서, 요셉을 이스므엘인들에게 은 이십 개에 파니, 그들이 요셉을 이집트로 데려갔더라』(창 37:28).

어느 날 요셉은 양떼를 치러 나간 형들의 소식을 가져오라는 아버지의 명령을 받고 형들에게 갔다. 그러나 멀리서 다가오는 요셉을 본 형제들은 전혀 반가워하지 않았고, 자신들 위에 군림하는 꿈을 꾼 동생 요셉을 죽이기로 공모했다.

형들은 그를 잡아 채색옷을 벗기고 구덩이에 던져 넣었다. 형제들 가운데 르우벤만큼은 요셉을 구해 내고 싶어 했지만, 뜻을 이루지는 못했다. 그들이 일을 처리하고 식사하려고 앉았을 때 마침맞게 이집트로 내려가던 이스므엘인들이 눈에 들어왔고, 유다가 나서서 요셉을 죽이기보다는 팔아넘기는 게 어떻겠느냐고 제안하자 르우벤이 없는 틈에 다들 동조했기 때문이었다. 그렇게 요셉의 형들은 은 이십 개에 요셉을 팔아 치웠다. 야곱은 사랑하는 아들 요셉의 사망 소식을 접하고는 큰 비탄에 잠겼다.

주 예수님께서도 요셉처럼 그분의 형제들인 유대인들에게 가라는 아버지 하나님의 뜻에 순종하여 "아버지의 집"을 떠나 이 땅으로 오신 분이셨다(마 21:37). 그분께서는 양들을 찾아다니셨을 뿐(마 15:24), 그들에게 어떤 해도 가한 적이 없으셨지만 유대인들은 요셉의 형들처럼 그분을 죽이기로 모의했다(요 11:53). 그들은 자기 백성에게 오신 왕을 영접하지 않았던 것이다(요 1:11).

결국 유대인들은 자신들의 왕을 로마의 병사들에게 넘겨주었다. 요셉이 채색옷을 빼앗겼던 것처럼 병사들은 "너 같은 게 왕이라고?"라는 조롱을 담아 주홍색 겉옷을 주님께 입히고 침뱉고 모욕한 뒤 다시 그 옷을 벗겨 끌고 갔고(마 27:28-31), 겉옷과 속옷까지 빼앗은 뒤 십자가에 못박았다(요 19:23). 르우벤처럼 주님을 죽이는 데 찬동하지 않았던 사람들도 있었지만(요 7:50,51, cf. 요 12:42) 대세를 바꿀 수는 없었다. 주님께서 당하신 일의 배후에는 요셉의 형들처럼 은을 그 대가로 받고 그분을 배반한 "유다"가 있었는데(마 27:3), 공교롭게도 요셉을 팔아넘긴 주동자의 이름도 "유다"였다.

한편 요셉이 들어갔던 구덩이에는 하필이면(!) 물이 없었다(cf. 눅 16:24). 이는 주님께서 유월절 양으로서 반드시 물에 삶지 않고 불로 구워져야 하셨다는 사실을 잘 보여준다(출 12:8,9). 주님께서는 우리의 죄들을 처리하시기 위해 불타는 지옥까지 낮아지셔야 했던 것이다(엡 4:9). 성경은 이때 하늘나라에서 어떤 일이 있었는지는 자세히 묘사하지는 않지만, 아버지 하나님께서 야곱이 그

려했던 것처럼 큰 슬픔을 느끼셨을 것이라는 사실을 어렵지 않게 짐작해볼 수 있다(cf. 눅 23:44,45, 단 6:18).

아버지 하나님께서 사랑하는 그분의 독생자를 죄인인 우리 인간들을 위해서 내주실 때 느끼셨던 감정이란 우리 인간으로서는 상상하기조차 어려울 만큼 컸을 것임이 분명하다. 이러한 사실을 반추해 보면, 그러한 대가를 치르고서 마련된 구원 계획을 인간들이 거부했을 때 느끼실 분노가 얼마나 클지 새삼 깨달을 수 있을 것이다. 이런 까닭에 아버지 하나님의 관점에서 "아들을 믿지 않는 죄"란 세상의 그 어떤 죄보다도 중한 형벌을 내리실 수밖에 없는 죄가 되는 것이다(요 16:9, 히 10:28,29).

억울하게 감옥에 갇히다

『그의 주인은, 그에게 일러 말하기를 "당신의 종이 내게 이런 짓을 했다." 하는 자기 아내의 말을 듣고 심히 노하더라. 그리하여 요셉의 주인이 그를 잡아 감옥에다 넣으니 그곳은 왕의 죄수들을 가두는 곳이었더라. 그가 거기 감옥에 갇혔더라』(창 39:19,20).

형들의 시기심 때문에 이집트로 팔려 온 요셉은 경호대장 포티발의 종이 된다. 주님께서는 고난 중에 있는 요셉과 함께하셨고, 이집트인인 포티발조차 이를 알 수 있을 정도였다. 이에 포티발은 요셉을 관리인으로 세워 요셉의 손에 자신의 모든 소유를 맡겼다. 훗날 요셉이 감옥에 갇혔을 때 그곳의 간수도 요셉을 유사하게 대우해 주었다.

그러나 형통하던 요셉에게 한 시험이 닥쳤으니, 포티발의 아내가 용모가 수려했던 그를 날마다 유혹하는 것이었다. 결국 어느 날 집 안에 사람이 아무도 없을 때, 포티발의 아내는 요셉의 옷을 붙잡고 늘어지면서까지 요셉을 몰아붙였다. 이에 요셉은 아예 옷을 벗어 버리고 그 자리에서 빠져나왔다. 포티발의 아내는 증인이 없었던 당시의 상황을 이용하여 요셉에게 죄를 뒤집어 씌웠다. 거짓된 증거이긴 했지만 요셉의 옷까지 그녀의 손에 있었으니 일은 수월했다. 포티발은 아내의 말을 믿었고, 심히 노하여 요셉을 왕의 죄수들이 들어가는 감옥에다 넣었다. 그러나 하나님께서는 감옥에서조차 요셉과 함께하셨고, 요셉은 그곳에서 죄수들을 관리하는 업무를 처리하게 되었다.

그러던 중 파라오의 두 관리, 술 맡은 책임자와 빵 굽는 책임자가 범죄하여 감옥에 들어오게 되었다. 그들은 각자 꿈을 꾸었는데, 그 꿈의 의미를 몰라 슬픈 기색을 보였다. 이에 대한 관심을 표명한 요셉은 둘에게 꿈의 내용을 듣고는 각각의 꿈을 해석해주었다. 해석인즉 술 맡은 책임자는 삼 일 안에 복직될 것이요, 빵 굽는 책임자는 삼 일 안에 처형될 것이라는 내용이었다. 요셉은 술 맡은 책임자에게 복직되거든 파라오에게 자신의 석방을 건의해 줄 것을 부탁했으나, 술 맡은 책임자는 이를 기억하지 못했고 요셉은 만 이 년 동안 감옥에 더 갇혀 있어야 했다(창 41:1).

주 예수님께서도 이집트로 가신 바 있었는데, 바로 헤롯의 시기심 때문이었다(마 2:13-15). 주님의 성장 과정에는 그처럼 늘 어려움이 동반되었으나, 하나님께서는 요셉에게 그러하셨던 것처럼 예수님과 늘 함께하시면서 그분을 보호해 주셨다. 이집트인 포티발조차 요셉을 관찰하면서 그러한 사실을 알 수 있었듯, 이방인들조차 하나님께서 예수님과 함께하신다는 사실을 알아챌 수 있었다(마 2:2). 요셉이 간수의 목전에서 주께로부터 은총(favour)을 받았듯 예수님께서는 하나님과 사람의 총애(favour) 속에서 자라셨으며(눅 2:52), 요셉이 그러했던 것처럼 그분의 손에 모든 권세가 넘겨졌다(마 28:18, 요 17:2).

주님께서는 요셉처럼 시험을 받으셨고(마 4:1-11), 그 가운데는 요셉이 당했던 것처럼 누군가에게 붙들린 채 육신적 욕망에 끌린다면 그 말에 따르고 싶어질 만한 간청을 들어야 하는 일도 있었다(마 16:22). 주님께서는 요셉처럼 그 간청을 단호하게 뿌리치셨다. 주님께서는 시시각각 닥치는 모든 시험으로부터 승리하셨으며 어떤 죄도 짓지 않은 분이셨지만, 요셉이 그러했던 것처럼 거짓 증거들로 인해 모함을 받으셨다(마 26:59-62). 결국 주님께서는 요셉처럼 억울하게 형벌을 받으셔야 했으며 요셉처럼 "왕" 앞에 죄를 지은 사람들이 갇히는 곳, 즉 지옥에까지 가셔야 했다. 그러나 아버지 하나님께서는 감옥에 있던 요셉을 돌보셨듯 주 예수님을 지옥에 버려 두지 않으셨고(시 16:10), 그곳 "감옥"에서도 다만 그분의 뜻 가운데 일하게 하셨다(벧전 3:19).

감옥에서의 요셉처럼, 범죄자들과 더불어 헤아림을 받으신(사 53:12, 막 15:28) 주님께서는 죄인들을 그저 멸시하시는 것이 아니라 그 비참함을 헤아려 주셨다(눅 7:36-50). 주님께서는 갈보리 십자가에서도 요셉처럼 두 명의 죄인들과 함께 계셨는데, 그 가운데 하나는 빵 굽는 책임자처럼 파멸했고 다른 하나는 술 맡은 책임자처럼 극적으로 구원받아 삼 일 후에 영광으로 들어갔다(눅 23:39-43, 엡 4:8). 이 시대에는 그날 주 예수님을 믿고 구원받은 죄인처럼 아무런 공로도 없는데도 낙원에 가게 된 수많은 사람들이 있지만, 술 맡은 책임자가 요셉을 잊었듯 대부분은 그분을 잊고 산다(눅 17:11-19).

요셉을 통해 주 예수 그리스도께서 당하셨던 미움과 고난의 그림들을 보노라면, 의로우신 그분께서 모순되고도 까닭 없이 그런 일을 당하셨다는 사실에 가슴 한편이 저며 온다. 본래 고생하려고 태어난 데다(욥 5:7) 죄 가운데 뒹굴었던 우리 죄인들이야 서럽고 아픈 일을 겪는다고 해도 마땅하고도 남을 일이지만, 주님께서는 그런 일을 당하셔야 할 어떤 이유도 없음에도 불구하고 오로지 우리 죄인들을 구원하시기 위해 그런 일들에 참여하셨다(빌 2:6-8).

그분께서는 그러한 발자취를 남겨 놓으셨을 뿐 아니라 우리를 그리로 부르시고 계시다(벧전 2:21). 요셉이 그러했던 것처럼, 또 그분께서도 그러셨던 것처럼 어떤 상황에서도 의롭게 심판하시는 분께서 상황을 주관하고 계심을 잊지 않고 묵묵하고 우직하게 고난을 견뎌 내는 그 길로 말이다. 그러한 부르심이야말로 바로 우리 그리스도인들의 삶을 세상 사람들의 그것과 구별되게끔 하는 가장 큰 원동력이다. 세상 사람들은 소망도 없이 그저 하루하루 인생의 무게를 견뎌 낼 뿐이지만, 우리는 그 어떤 부조리와 악을 만난다고 해도 이 길의 끝에 반드시 보상하실 주 예수님을 바라보며 나아갈 수 있기 때문이다.

■ 새롭게 깨달았거나 적용할 내용이 있다면 적어 보세요. ■

◈ 예수 그리스도의 모습을 보여 주는 요셉의 140가지 예표 I ◈

1. 양을 치는 목자(창 37:2 vs. 요 10:1-19)
2. 우리와 함께하시는 하나님(창 37:2 vs. 마 1:23 - "임마누엘")
3. 세상에 관하여 악하다고 증거하는 분(창 37:2 vs. 요 7:7)
4. 아버지로부터 사랑받는 아들(창 37:3 vs. 마 17:5) *총애하는 아들(눅 2:52)
5. 왕권(창 37:3 vs. 계 19:15,16)
6. 형제들로부터 미움을 받음(창 37:4 vs. 요 15:24,25)
7. 온순한 말을 듣지 못함(창 37:4 vs. 요 15:24,25)
8. 어떤 말로 인해 더욱 미움을 받음(창 37:5,8 vs. 요 15:24,25)
9. 모든 무릎이 꿇게 됨(창 37:7; 41:43 vs. 빌 2:6-12)
10. 통치를 원치 않는 백성들(창 37:8,10 vs. 눅 19:14)
11. 백성들로부터 경의를 받음(창 37:9; 42:6; 43:26,28; 44:14; 50:18 vs. 시 2:12, 마 28:17)
12. 백성들로부터 시기를 받음(창 37:11 vs. 막 15:10)
13. 주님에 관한 말에 주목함(창 37:11 vs. 눅 2:51)
14. 아버지로부터 자기 백성에게로 보냄을 받음(창 37:13; 45:5,7,8 vs. 요 1:11,12; 17:18)
15. 아버지께 순종함(창 37:13 vs. 히 10:7)
16. 잃어버린 양들을 찾으심(창 37:16 vs. 눅 19:10, 마 15:24)
17. 잃어버린 양들을 찾았음(창 37:17 vs. 눅 15:6; 19:9)
18. 그분을 죽이기로 공모함(창 37:18 vs. 마 12:14, 막 3:6, 요 11:53, 눅 20:13,14)

19. 그분의 죽음에 대해 거짓말을 하려 함(창 37:20 vs. 마 27:25, 행 5:28)
20. 그분에 관한 미래의 예언을 인위적으로 바꾸려고 함(창 37:20 vs. 마 27:49)
21. 그분을 돕기 위해 변호하는 존재가 있음(창 37:21,22 vs. 요 7:50,51)
22. 백성들에게 오셨으나 거절당하심(창 37:23,24 vs. 요 1:11)
23. 옷이 벗겨지심(창 37:23 vs. 마 27:28)
24. 물을 거부하심(창 37:24 vs. 출 12:9)
25. 사람들이 앉아서 지켜봄(창 37:25 vs. 마 27:36)
26. 그분께 바쳐진 세 가지 예물이 있음(창 37:25 vs. 마 2:11)
27. 그분을 파는 일에 있어서 주동자는 유다라는 이름을 가진 인물임(창 37:26,27 vs. 마 27:3)
28. 은 삼십 개에 팔리심(창 37:28 vs. 마 26:15)
29. 이집트로 내려가심(창 37:28 vs. 마 2:14,15)
30. 아들의 죽음으로 인해 슬픔에 잠기신 아버지(창 37:34,35 vs. 눅 23:44)
31. 음부로 내려가신 분(창 37:35 vs. 마 12:40, 엡 4:9)
32. 이스라엘을 형제로 갖고 있는 아들
33. 팔레스타인 땅에서 사랑받는 아들
34. 하나님께서 함께하심(창 39:2,21,23 vs. 행 10:38)
35. 하나님께서 함께하시는 것을 사람들이 보았음(창 39:3 vs. 요 10:40,41)
36. 하는 일이 번성함(창 39:3,23 vs. 사 53:10)
37. 은혜를 얻음(창 39:4,21 vs. 시 45:2)
38. 집안의 모든 사람들보다 위에 있음(창 39:4,9 vs. 히 3:1-4)
39. 하나님께서 그분으로 인해 다른 사람들에게 복을 주심(창 39:5 vs. 엡 4:32)

40. 모든 소유가 맡겨졌음(창 39:4,6,22,23 vs. 마 28:16-20)
41. 시험을 당함(창 39:7,10,12 vs. 마 4:1-10, 눅 4:1-10, 히 4:15)
42. 시험을 이기고 하나님께 죄를 짓지 않음(창 39:8-10,12 vs. 히 4:15)
43. 거짓 고소를 당함(창 39:14-18 vs. 마 26:60)
44. 감옥에 갇힘(창 39:20 vs. 엡 4:8-10)
45. 자비를 받음(창 39:21 vs. 행 2:25-33)
46. 두 명의 죄수와 함께 있었음(창 40:3,4 vs. 마 27:38)
47. 범죄자들과 더불어 헤아림을 받았음(창 40:1,3 vs. 사 53:12, 막 15:28)
48. 죄가 없었음(창 40:15 vs. 사 53:1-8)
49. 왕의 진노가 함께 있던 두 명의 죄수에게 있었음(창 40:2 vs. 고후 5:21, 롬 1:18)
50. 어딘가에 묶여 있었음(창 40:3,5 - "bound" vs. 요 18:12)
51. 연약하고 죄인인 인간을 섬겼음(창 40:4 vs. 요 13:1-13)
52. 왜 죄인들이 슬퍼하는지 알기를 원했음(창 40:7 vs. 눅 24:17)
53. 무오한 해석을 주었음(창 40:8 vs. 눅 24:32,45)
54. 주의 만찬의 두 가지 요소, 포도주와 빵(창 40:11,17 vs. 마 26:26-29)
55. 포도 열매에서 난 새 포도주인 포도즙(창 40:10,11 vs. 마 26:29)
56. 포도송이를 짜서 잔에 떨어뜨림(창 40:11 vs. 마 26:29)
57. 두 죄수 중 한 명은 회복되고 한 명은 저주받았음(창 40:21,22 vs. 눅 23:39-42)
58. 회복된 간격은 3일이었음(창 40:13 vs. 마 12:40, 눅 23:41-43)
59. 히브리인(창 40:15 vs. 창 14:13, 마 1:1)
60. 사형 방법이 나무에 달리는 것과 연관됨(창 40:19 vs. 눅 23:33)
61. 기억되지 못하고 잊힘(창 40:23 vs. 시 9:17)

제3과
복습문제

1. 야곱은 요셉을 그의 모든 자녀들보다 더 사랑했고, 요셉의 형들은 이 때문에 요셉을 미워했다. (O , X)

2. 『요셉이 (　　　)을 꾸고 그가 그것을 자기 형들에게 이야기했더니, 그들이 그를 더욱 미워하였더라』(창 37:5).

3. 『그들이 그를 붙들어 구덩이에다 던지니, 그 구덩이는 비어 있었고, 그 안에는 (　　　)이 없었더라』(창 37:24).

4. 요셉이 포티발에게 팔렸을 때에도 하나님께서는 요셉과 함께하셨지만, 포티발은 이집트인으로서 우상 숭배자였기에 하나님께서 요셉과 함께하시는 것을 전혀 알 수 없었다. (O , X)

5. 요셉은 감옥에 갇혔지만 죄를 지어서 간 것은 아니었기 때문에 감옥에 들어온 범죄자들을 멸시하고 가까이 하려 들지 않았다. (O , X)

■ 새롭게 깨달았거나 적용할 내용이 있다면 적어 보세요. ■

NOTES

제4과

회복되고 높임받은 요셉

『파라오가 자기가 가지고 있는 둘째 병거에 그를 태우니 사람들이 요셉 앞에서 소리지르기를 "무릎을 꿇고 절하라." 하더라. 파라오가 그를 이집트의 온 땅을 다스리는 치리자로 세웠더라』(창 41:43).

더 높이시기 위해 낮추시는 하나님

요셉의 이야기를 통해 우리는 한 사람을 더 높이 들어 쓰시기 위해 하나님께서 사용하시는 방식을 이해할 수 있다.

고난은 더 중요한 일을 감당하기 위해, 더 많은 일을 감당하기 위해 허락하시는 일종의 선물이다. 요셉은 고난을 통해 연단받으면서도 하나님에 대한 믿음과 신실함을 지켰다. 성장을 위해 하나님께서 허락하신 고난에서 낙담하는 것은 하나님의 계획을 무산시키는 것이다. 고난은 더 높이 쓰임받기 위한 훈련이면서 동시에 고난 속에서도 믿음과 신실함을 견고하게 유지할 수 있는 사람인지를 평가받는 일종의 시험이 된다. 이러한 과정을 잘 거친 요셉은 자신의 의도나 계획에 의해서가 아니라 하나님께서 인도하신 방식에 따라 높임을 받게 된다.

우리가 그리스도인으로서 하나님께 고난을 받는 것은 연단을 통해 더 나은 그리스도인으로 성장하게 하시고, 성장한 그리스도인으로서 더 큰 일을 맡게 하고자 하심이다. 고난 속에서도 믿음과 신실함을 견고히 유지함으로써 하나님의 사역에서 더 많은 일을 담당하는 신실한 일꾼으로 성장하는 그리스도인이 되도록 해야 한다.

■ 새롭게 깨달았거나 적용할 내용이 있다면 적어 보세요. ■

감옥에서 두 관원의 꿈을 해석한 요셉(창 40장)

1. 감옥에 갇힌 요셉

요셉은 이집트의 경호대장 포티발의 아내의 모함으로 왕의 죄수들을 가두는 감옥에 갇혔다(39:20). 포티발의 집에서와 마찬가지로 감옥에서도 하나님께서 간수의 목전에서 요셉에게 은총을 베푸셨으므로, 간수가 감옥에 있는 모든 죄수들을 요셉의 손에 맡겼다(39:22). 그 후 파라오의 "술 맡은 책임자"와 "빵 굽는 책임자"가 죄를 범하여 감옥으로 들어왔다(1-4절). 이 이야기 또한 예수 그리스도의 위대한 예표가 된다. 죄가 없었던 요셉이 두 명의 범죄자와 더불어 헤아림을 받았듯이, 죄 없으신 예수 그리스도께서도 양옆에 달린 두 강도와 더불어 헤아림을 받으셨다(사 53:12). 특히 두 강도 중 한 강도는 저주하면서 죄 가운데 죽었고 다른 한 강도는 회개하며 구원받은 것처럼, 요셉과 함께 갇혀 있던 한 죄수는 본래의 직분으로 회복되었고 다른 죄수는 복권되지 못한 채 나무에 매달려 죽임을 당했다. 또한 십자가 위에서 죽은 그 회개한 강도는 십자가 사건이 일어난 지 3일 만에 예수 그리스도와 함께 영광으로 들어갔다.

2. 관원들의 꿈을 해석하는 요셉

『술 맡은 책임자가 자기 꿈을 요셉에게 이야기하였는데 말하기를 "보라, 내 꿈에 내 앞에 포도나무가 있는데그 포도나무에 세 가지가 있고 싹이 나는 것 같았는데 꽃이 피고, 그 포도송이에 익은 포도가 열렸더라. 파라오의 잔이 내 손에 있어, 내가 포도를 따서 파라오의 잔에다 즙을 짜서 그 잔을 파라오의 손에다 주었노라." 하니 요셉이 그

에게 말하기를 "그것의 해석이 이러하니, 그 세 가지는 삼 일이라. 이제부터 삼 일 안에 파라오가 당신의 머리를 들어 올려서, 당신의 자리를 회복시키리니, 당신이 전에 그의 술 맡은 자였을 때 했던 대로 당신은 파라오의 손에 그의 잔을 건네주리이다. 그러나 일이 잘되거든 나를 생각하고 내가 당신에게 부탁하오니, 나에게 친절을 베풀어서 나에 대해 파라오에게 고하여 나를 이 집에서 나가게 하소서.나는 진정으로 히브리인들의 땅에서 남몰래 끌려온 자요, 여기서도 그들이 나를 지하감옥에 넣을 만한 일을 내가 한 적이 없나이다." 하더라. 빵 굽는 책임자가 그 해석이 좋은 것을 보고 요셉에게 말하기를 "나도 꿈을 꾸었는데, 보라, 내 머리 위에 흰 광주리 세 개가 있고,맨 위에 있는 광주리에 파라오를 위하여 만든 여러 가지 구운 음식이 있는데 새들이 내 머리 위에 있는 광주리에서 그것들을 먹더라." 하니, 요셉이 대답하여 말하기를 "그 해석이 이러하니, 세 광주리는 삼 일이라. 이제부터 삼 일 안에 파라오가 당신의 머리를 끊어서 들어 올릴 것이요, 당신을 나무에다 매달리니, 새들이 당신의 살을 뜯어 먹으리이다." 하더라』(40:9-19).

감옥에 들어온 두 관원은 꿈을 꾸었는데, 꿈꾸는 자 요셉이 이 꿈들을 해석해 주었다(5-8절). 술 맡은 책임자의 꿈은 "**포도나무에 세 개의 가지가 있고, 그 가지들에 열린 포도송이로부터 포도를 따서 파라오의 잔에 즙을 짠 뒤 파라오에게 잔을 바치는 꿈**"이었다(9-11절). 요셉의 해석은 3일 안에 파라오가 술 맡은 책임자의 자리를 회복시킨다는 것이었다. 빵 굽는 책임자의 꿈은 "**파라오를 위해 구운 음식이 세 개의 광주리 안에 들어 있었으나, 그것을 새들이 먹어 버리는 꿈**"이었다(16,17절). 요셉의 해석은 3일 안에 파라오가 그의 머리를 나무에 매달 것이고 새들이 그의 살을 뜯어 먹는다는 것이었다.

두 관원의 꿈은 결국 요셉의 해석대로 이루어졌는데, 술 맡은 책임자는 원래의 직위로 복권되었고, 빵 굽는 책임자는 교수형을 당했다(20-22절). 한편 요셉은 술 맡은 책임자에게 일이 잘되거든 자신을 나가게 해 달라고 부탁했으나(14,15절), 그는 곧 요셉을 잊어버렸다(23절). 그 이후로 요셉은 감옥에 2년 더 있게 되었다(41:1).

깨닫게 하시는 분은 하나님뿐이시다

"해석"은 하나님께 속한 것이다. 『그들이 그에게 말하기를 "우리가 꿈을 꾸었으나, 그 꿈을 해석할 자가 없도다." 하니, 요셉이 그들에게 말하기를 "해석들은 하나님께 속하지 아니하나이까? 내가 당신들에게 청하오니 내게 이야기하소서." 하더라』(8절). 『오직 하늘에 계신 하나님뿐이시니, 그분은 은밀한 것을 나타내시며』(단 2:28).

특히 "성경 해석"이 그렇다. 『그때 그들의 지각을 열어 성경을 깨닫게 하시더라』(눅 24:45). 『그러나 진리의 영이신 그분이 오시면 너희를 모든 진리로 인도하시리라. 그분은 자신에 관하여 말씀하지 아니하시며, 무엇이나 들은 것을 말씀하실 것이요, 또 너희에게 다가올 일들을 알려 주시리라』(요 16:13).

이집트의 치리자가 된 요셉(창 41:1-45)

1. 꿈을 꾼 파라오

파라오가 꾼 꿈은 "**흉하게 생기고 야윈 암소 일곱 마리가 잘생기고 살진 암**

소 일곱 마리를 먹는 꿈"과 "깡마르고 동풍으로 시든 일곱 이삭이 무성하고 충실한 일곱 이삭을 삼키는 꿈"이었다. 파라오의 곁에는 파라오의 꿈을 해석해 줄 사람이 없었고, 이때 "술 맡은 책임자"는 2년 전 감옥에 갇혀 있던 때에 요셉이 자기의 꿈을 해석해 준 일을 기억해 냈다(9절). 그는 감옥에서 있었던 일을 파라오에게 말했고, 파라오는 요셉을 데려오게 했다.

2. 파라오의 꿈을 해석하는 요셉

『요셉이 파라오에게 말하기를 "파라오의 꿈은 하나니이다. 하나님께서 파라오에게 그분이 하실 일을 보여 주셨나이다. 좋은 일곱 마리 암소는 칠 년이며, 좋은 일곱 이삭도 칠 년이니, 꿈은 하나니이다. 그들을 따라 올라온 마르고 흉하게 생긴 암소 일곱 마리는 칠 년이며 속이 비고 동풍으로 시든 일곱 이삭은 칠 년의 흉년이 되리이다. 내가 파라오에게 말씀드린 것이 이것이니, 즉 하나님께서 파라오에게 그분이 행하실 일을 보여 주시나이다.보소서, 온 이집트 땅에 칠 년의 큰 풍년이 오겠고 그 후에 칠 년의 흉년이 이르리니, 이집트 땅에서 모든 풍년은 잊어버리겠고 기근이 이 땅을 소멸시키며 뒤따르는 흉년 때문에 풍년을 이 땅에서 기억하지 못할 것이니, 이는 그 흉년이 매우 심할 것임이니이다. 그 꿈을 파라오께서 두 번 겹쳐 꾸신 것은 하나님께서 그 일을 정하신 것임이니 하나님께서 곧 그 일을 일어나게 하시리이다. 그러므로 이제 파라오께서는 신중하고 현명한 사람을 찾아서 이집트 땅을 치리하도록 세우소서. 파라오께서는 이 일을 행하시고 그 땅을 치리할 관리들을 임명하셔서 칠 년의 풍년에 이집트 땅의 오분의 일을 거두게 하며, 그 관리들로 다가올 풍년의 모든 식량을 거두고 그 곡식을 파라오의 수하에 쌓아 두어서 성읍들에서 식량으로 간직하게 하소서.

그 식량이 이집트 땅에 임할 칠 년의 흉년에 대비하여 땅에 저장되면 그 땅이 흉년으로 인하여 멸망치 않으리이다." 하니라.』(40:9-19).

요셉은 파라오에게 꿈을 해석해 주기 전에 "**하나님께서 그 해답을 주신다는 것**"(16절)을 알려 줌으로써 하나님의 위대하심을 드높였다. 요셉은 파라오의 꿈을 듣고서, "**7년간의 풍년이 있고 난 뒤에 그 풍년을 잊게 할 만큼의 극심한 흉년이 7년간 연이어 온다**"는 사실을 알려 주었고, 7년간의 흉년을 위한 대비책도 파라오에게 제안해 주었다(33-36절). 또한 파라오가 꿈을 두 번 겹쳐 꾼 이유가 『**하나님께서 그 일을 정하신 것**』이라는 사실도 알려 주었다(32절). 파라오는 이 모든 것을 받아들이며 『**우리가 이 사람과 같이 하나님의 영이 그 안에 있는 사람을 발견할 수 있으리요?**』(38절)라고 말한다. 또한 『**하나님께서 이 모든 것을 네게 보여 주셨으니, 너와 같이 신중하고 현명한 사람이 없도다. 너는 내 집을 치리하라. 나의 모든 백성이 네 말에 따라 다스림을 받으리니 내가 너보다 높음은 오직 보좌뿐이니라.**』(39,40절)라고 말하며 그를 높이고 『**보라, 내가 너를 이집트의 온 땅을 치리하도록 세웠노라.**』(41절)라고 말함으로써 그를 이집트의 치리자로 세웠음을 분명히 선언한다.

꿈과 계시에 관한 신약 교리

성경에 나타난 꿈과 환상들은 미래를 예언하는 방법들 가운데 하나로 주어지곤 했지만, 교회 시대에는 더 이상 꿈을 통해 예언이 이루어지지 않는다. 왜냐하면 "하나님의 영감"으로 주어진 "성경"을 통해 예언들이 모두 기록되었기 때문이다. 그래서 성경에 기록된 예언 외에 어떤 예언들이 추가로 기록된 책이 있다면, 그 책은 "하나님의 말씀"이 아니라 인간이 쓴 불완전한 저작물에 불과하다. 따라서 현 교회 시대에는 꿈을 통한 예언이 전혀 필요하지 않으며, 실제로 신약성경에서도 복음서와 사도행전을 제외하고는 하나님께서 누군가의 꿈을 통해 계시하신 내용이 등장하지 않는다.

이와 관련하여 사도 베드로는 『**우리에게 더 확실한 예언의 말씀이 있으니, 날이 새어 샛별이 너희 마음에 떠오르기까지 너희가 어두운 곳에서 빛나는 빛에 주의하듯 이 예언의 말씀에 주의하는 것이 잘하는 것이니라.**』(벧후 1:19)라고 우리에게 권면하고 있다. 구약의 선지자인 예레미야도 『**주가 말하노라. 보라, 거짓 꿈들을 예언하고 그들에게 말하여 그들의 거짓말들과 헛된 자만으로 내 백성을 그릇되게 하는 자들을 내가 대적하노라. 내가 그들을 보내지도, 그들에게 명령하지도 아니하였으니 그들이 이 백성에게 전혀 유익이 없으리라. 주가 말하노라.**』(렘 23:32)라고 선언했다. 그러므로 이 시대에 꿈과 환상을 통해 계시를 받았다고 하는 자들의 주장은 모두 비성경적인 주장이며, 우리가 일상적으로 꾸는 꿈들은 성경에서 말씀하시는 예언이나 계시와는 전혀 무관하다.

3. 모든 창고의 열쇠를 가진 요셉

이집트의 치리자가 된 요셉은 7년간의 식량 정책을 통해 많은 식량을 창고에 쌓았다(요 6:35). 그는 "식량을 통제"(마 6:26, 겔 14:13, cf. 계 6:5; 13:17)하고 "모든 창고를 열 수 있는"(56절) 권력을 갖게 되었다. 따라서 요셉은 "지옥과 사망의 열쇠들을 가지셨고"(계 1:18), "모든 풍성함의 창고를 여실 수 있는"(말 3:10) 예수 그리스도 예표로서 전혀 손색이 없는 인물이다.

창세기 41장에 나타난 예수 그리스도의 예표들

❶ 『하나님의 영이 그 안에 있는 사람』(38절, 마 3:16, 요 3:34).

❷ 『하나님께서 이 모든 것을 네게 보여 주셨으니』(39절, 요 5:20).

❸ 『신중하고 현명한 사람』(39절, 골 2:3, 눅 11:52).

❹ 『너는 내 집을 치리하라』(40절, 히 10:21, 요 8:34,35).

❺ 『온 땅을 치리하도록 세웠노라』(41절, 슥 14:9, 계 11:15).

❻ 『금사슬을 그의 목에 걸어 주더라』(42절, 계 1:13).

❼ 『무릎을 꿇고 절하라』(43,44절, 사 45:23, 빌 2:9,10).

❽ 『아스낫을 그에게 아내로 주었더라』(45절, 솔 1:1-5).

❾ 『요셉이... 파라오 앞에 설 때에 삼십 세더라』(46절, 눅 3:23).

■ 새롭게 깨달았거나 적용할 내용이 있다면 적어 보세요. ■

◈ 예수 그리스도의 모습을 보여 주는 요셉의 140가지 예표 II ◈

62. 하나님의 영이 그 안에 있는 분(창 41:38 vs. 요 3:34, 히 1:9)
63. 하나님께서 모든 것을 보여 주신 분(창 41:39 vs. 요 5:20)
64. 신중하고 현명한 사람(창 41:39 vs. 잠 8:12, 마 11:19)
65. 집을 치리하는 존재(창 41:40 vs. 히 3:3)
66. 말씀을 통해 다스리심(창 41:40 vs. 요 1:1-3, 히 1:3)
67. 신격(삼위일체)의 제2격이신 분(창 41:43 vs. 요일 5:7)
68. 하늘과 땅의 모든 권세가 주어짐(창 41:41,43,45; 42:6; 45:26 vs. 마 28:18)
69. 영화롭게 되심(창 41:42 vs. 요 12:28; 13:32; 16:14; 17:1,5)
70. 의로우심(창 41:42, 계 19:8 - "세마포" vs. 사 61:10, 롬 10:1-4)
71. 신성(육신으로 나타나신 하나님)의 모습(창 41:42 - "금사슬" vs. 딤전 3:16)
72. 그분을 통하지 않고서는 아무것도 할 수 없음(창 41:44 vs. 요 15:5)
73. 새로운 이름(창 41:45 vs. 계 19:12)
74. 이방인 신부를 아내로 얻음(창 41:45,50 vs. 엡 5:23, 계 21:9)
75. 삼십 세에 사역을 시작함(창 41:46 vs. 눅 3:23)
76. 온 땅을 두루 다니며 시찰함(창 41:46 vs. 눅 8:1)
77. 그 누구도 빵이 없을 때 빵을 가지고 있음(창 41:54 vs. 요 6:35)
78. 말하는 대로 하라(창 41:55 vs. 요 2:5)
79. 사람들이 도움을 얻기 위해 나아옴(창 41:55 vs. 마 4:23-25, 막 1:45)
80. 창고를 열 수 있음(창 41:56 vs. 말 3:10)
81. 값을 받고 팖(창 41:56; 42:6 vs. 사 55:1, 롬 5:15-19; 6:23, 계 21:6; 22:17)
82. 식량을 통제함(창 41:57 vs. 마 6:26; 13:52)

제4과
복습문제

1. 『그들이 그에게 말하기를 "우리가 꿈을 꾸었으나, 그 꿈을 해석할 자가 없도다." 하니, 요셉이 그들에게 말하기를 "(   )들은 하나님께 속하지 아니하나이까? 내가 당신들에게 청하오니 내게 이야기하소서." 하더라』(창 41:8).

2. 『우리에게 더 확실한 (   )의 말씀이 있으니, 날이 새어 샛별이 너희 마음에 떠오르기까지 너희가 어두운 곳에서 빛나는 빛에 주의하듯 이 (   )의 말씀에 주의하는 것이 잘하는 것이니라』(벧후 1:19).

3. 『**주**가 말하노라. 보라, 거짓 (   )들을 예언하고 그들에게 말하여 그들의 거짓말들과 헛된 자만으로 내 백성을 그릇되게 하는 자들을 내가 대적하노라. 내가 그들을 보내지도, 그들에게 명령하지도 아니하였으니 그들이 이 백성에게 전혀 유익이 없으리라. **주**가 말하노라』(렘 23:32).

4. 『파라오가 그의 신하들에게 말하기를 "우리가 이 사람과 같이 하나님의 (   )이 그 안에 있는 사람을 발견할 수 있으리요?" 하며』(창 41:38).

■ 새롭게 깨달았거나 적용할 내용이 있다면 적어 보세요. ■

NOTES

제5과
용서하는 구원자 요셉

『요셉이 파라오가 명령한 대로 그의 아비와 형제들을 정착시켰고, 이집트 땅에서 그들에게 소유를 주었으니 가장 좋은 땅 라메세스의 땅을 주었더라. 요셉이 그의 아비와 그의 형제들과 그의 아비의 집안을 그들의 가족대로 양식으로 부양하였더라』(창 47:11,12).

구원자로서의 예수 그리스도의 모형인 요셉

요셉은 파라오의 꿈을 해석하여 앞으로 있을 7년간의 풍년과 7년간의 흉년을 예언하고 그 해결책을 제시함으로써 이집트의 통치자가 되었으며, 7년간의 풍년 동안 오분의 일의 식량을 거두고 창고에 보관하게 함으로써 세상의 모형인 이집트를 7년간의 기근으로부터 구해 낸 구원자이면서 동시에 야곱의 집을 기근으로부터 구해 낸 구원자가 되었다.

요셉의 이러한 구원자로서의 모습은 세상의 구원자이자 이스라엘의 구원자로 오신 예수 그리스도의 모형이 된다. 모형으로서의 요셉의 생애를 심도 있게 공부함으로써 예수 그리스도의 생애를 더 깊이 이해할 수 있다.

구원을 위해 진실함을 증명케 하는 요셉(42, 43장)

창세기 42장은 하나님께서 "숨겨져 있는" 인간의 마음을 다루는 이야기들 중 가장 위대한 이야기가 시작되는 장이다. 창세기 42-44장은 사랑, 슬픔, 좌절, 극적인 상황, 격정의 순간들로 가득 차 있다. 이 세 장은 요셉이 그의 형제들을 다루는 이야기를 보여 줄 뿐만 아니라 죄인이 죄를 깨닫고, 죄인임을 확신하게 되고, 잘못된 구원의 확신으로 미혹되었다가, 정죄받고, 자신의 참된 실상을 인식하여 구원으로 인도되는 과정을 낱낱이 보여 준다.

1. 고난을 통해 사람을 움직이시는 하나님(42:1-4)

『그때 야곱이 이집트에 곡식이 있음을 보고 야곱이 그의 아들들에게 말하기를 "너희들은 어찌하여 서로 쳐다만 보느냐?" 하고 그가 말하기를 "보라, 내가 듣기로는 이집트에 곡식이 있다 하니, 너희는 그곳으로 내려가서 거기서 우리를 위하여 사오라. 그래야 우리가 살고 죽지 않으리라." 하더라. 그리하여 요셉의 열 형들이 곡식을 사러 이집트로 내려갔으나, 야곱이 요셉의 아우 베냐민은 그의 형들과 함께 보내지 않았으니, 이는 그가 말하기를 '혹시 해가 그에게 미치리라.' 함이었더라』(창 42:1-4).

하나님께서는 사람을 움직이실 때 고난을 이용하시기도 한다. 창세기 42장에서 하나님께서 야곱과 그 가족을 움직이게 하시는 데 사용한 고난은 기근이었다. 결국 야곱이 문제를 제기하고(2절) 자식들은 이집트로 내려갔다(3절). 베냐민은 사랑하는 아들 라헬의 유일한 자식으로 야곱과 함께 남았다(4절). 야곱이 베냐민은 곁에 둔 것은 사람이 고난을 당해도 그때까지 자기가 소중하게 생각하던 것을 쉽게 내려놓으려 하지 않는다는 사실을 보여 준다.

영적으로 적용해 볼 때, 고난은 죄인으로 하여금 자신의 필요를 볼 수 있게 해준다. 누가복음 15장의 "탕자"도 그러했다. **『그가 모든 것을 탕진한 후에 그 나라에 큰 기근이 들어 궁핍하게 되기 시작하니 그가 나가서 그 나라 백성 중 한 사람에게 더부살이를 하게 되었더라. 그 주인이 그를 자기 농지로 보내어 돼지를 치게 한지라. 그가 돼지가 먹는 곡식 껍질로 배를 채우고자 하였으나, 그에게 주는 사람은 아무도 없더라. 그때 그가 자신을 돌아보고 말하기를 '내 아버지의 많은 품꾼들은 먹을 것이 풍족하고도 남는도다. 그런데 나는 굶어 죽어 가는도다!』**(눅 15:14-17). 기근이라는 고난이 자신의 현실을 정확하게 직시하게 해 준 것이다. 그러나 죄인이 구원을 위해 움직일 때 그는 잘못된 곳으로 가곤 한다. 그곳은 다름 아닌 이 세상의 예표인 이집트이다(3절). 많은 그리스도인들이 고난을 당하면 세상에서 구원의 방법을 찾으려 한다. 그러다 하나님의 은혜로 구원자(그리스도의 예표인 요셉)를 만나게 되는데, 그러한 순간에도 그들은 "값없는 선물"을 받으러 가는 것이 아니고 그것을 돈 주고 사려고 한다(사 55:1,2).

2. 이집트에 내려온 형제들을 시험하는 요셉(42:5-28)

『요셉이 자기가 그들에 대하여 꾼 꿈을 기억하며, 그들에게 말하기를 "너희는 정탐꾼들이라. 이 땅의 실상을 보려고 너희가 왔느니라." 하니, 그들이 그에게 말하기를 "내 주여, 아니니이다. 당신의 종들은 양식을 사러 왔나이다. 우리는 다 한 사람의 아들이며, 우리는 진실한 사람들이요, 당신의 종들은 정탐꾼이 아니니이다." 하더라. 요셉이 그들에게 말하기를 "아니라. 이 땅의 실상을 보려고 너희가 왔느니라." 하니, 그들이 말하기를 "당신의 종들은 열두 형제들로 카나안 땅에 있는 한 사람의 아들들인데, 보소서, 막내 아들은 오늘 우리 아버지와 함께 있고, 또 하나는 없나이다." 하니, 또 요셉이 그들에게 말하기를 "내가 너희에게 이야기하여 말하기를 '너희는 정탐꾼들이라.' 한 것이 이것인데 너희는 이같이 하여 증명해야 하리니, 너희의 막내 아우가 여기에 오지 않으면, 파라오의 생명으로 *맹세하노니,* 너희는 여기서 나가지 못하리라. 너희 중에서 하나를 보내어 너희 아우를 데려오게 하고, 너희는 감옥에 갇혀 있으라. 그리하여 너희 안에 진실이 있는지 너희의 말들이 증명되리라. 그렇지 아니하면 파라오의 생명으로 *맹세하노니,* 너희는 분명히 정탐꾼이니라." 하며, 그들 모두를 다 삼 일간 감방에 가두었더라』(42:9-17).

야곱의 아들들이 요셉에게 와서 그에게 절을 하자(6절) 요셉은 자기가 꾼 꿈을 기억하게 된다(9절). 그러나 고향에서 꾼 꿈은(37:9) 11명의 형제들이 모두 요셉에게 절을 하게 되는 44:14에서야 성취된다.

요셉의 형들은 이집트의 치리자인 요셉에게 와서 『**땅에다 그들의 얼굴을 대고**』 그에게 절을 할 정도의 신분 격차 때문에 요셉의 얼굴을 함부로 쳐다보면서 대화하기 어려웠을 것이다. 또한 긴 세월로 변한 얼굴, 이집트식 복장과 이집트어 사용(23절) 등으로 더욱 요셉을 알아보지 못했을 것이며, 설혹 요셉과 비슷한 점을 인식했을지라도 이집트의 치리자가 되어 있으리라고 생각하기 어려우므로 요셉과 연결시키지 못했을 것이다.

요셉은 그의 형들이 자신을 판 죄에 대해 회개하고 있는지, 그래서 그것을 후회하고 있는지 그 징후를 찾고 있었다. 요셉이 형들을 정탐꾼으로 본 것은 복수를 위해서가 아니라 용서의 근거를 찾기 위해서였다. 형들은 자기들이 정탐꾼이 아니라는 사실을 말하는 과정에서 그들이 열두 형제라는 것과 막내가 아버지와 함께 있다는 사실을 말함으로써, 막내를 데려와 진실성을 증명하라는 요구를 당하게 된다. 형들은 정탐꾼으로 몰리는 상황에 당황하여 너무 많은 가족 정보를 누설하게 되고, 요셉의 구원 작전에 말려들게 된 것이다.

구원의 순서

럭크만 박사는 〈피터 럭크만의 주석서 창세기 II〉에서 창세기 42:5-17의 내용이 무지한 죄인들이 구원의 순서를 질서 정연하게 보여 주고 있다고 설명하면서, 다음의 9가지 구원의 순서를 차례대로 제시하고 있다.

1. 죄인은 "식량"을 사러 와서 책망을 받는다.

2. 비록 죄인이 경배라는 종교의식을 행하기는 했으나(6절) 그는 "알지 못하는 것을 경배"하고 있는 것이다. 왜냐하면 "구원은 유대인으로부터 나오기" 때문이다(요 4:22).
3. 하나님께서는 죄인을 알고 계시며 죄인이 무슨 답변을 할 것인지를 보시기 위해 질문을 하신다. (창 42:7과 눅 24:19을 비교하라.)
4. 요셉의 형제들은 "그를 알지 못했다." (8절, 이 구절과 요 1:10,11을 비교하라.)
5. 하나님께서는 그에게 나아오는 죄인에게 죄를 물으신다(9절).
6. 죄인은 즉각 자신을 정당화시키며 자기가 얼마나 훌륭한 사람인가를 자세히 설명하고 자신의 "혈통"을 강조한다(10,11절). (이 상황에서 진화론자들은 어떤 혈통을 들먹거릴지 매우 궁금하다.)
7. 하나님께서는 비록 당신이 아담으로부터 나오지 않았다 할지라도(12절) 죄인이라고 주장하신다. 바로 이것이 바리새인들이 저지른 실수이다. 그들은 자신들의 족보를 아브라함까지만이라고 했으나(요 8:33,37), 실상 아브라함 역시 타락하고 자기 의지와 자기 의로 가득 찬 아담의 후손이 아니고 무엇인가? 어쨌든 모두가 다 아담으로부터 온 것을 부인할 수는 없다.
8. 이때부터 죄인은 변명을 하기 시작한다(13절). 그러고 나서 자기는 "불구자"였다든가, "운이 나빴다"든가 "성장 여건이나 환경이 좋지 않았다"든가 "최선을 다해 살았다"는 핑계를 대면서 자신이 죄인임을 인정하지 않으려 한다(롬 2:15).
9. 이때 주님께서는 말씀을 계속하시며(14절) 무기력한 죄인에게 심판을 맛보게 하신다. 르우벤, 레위, 시므온, 유다 등은 결국 그들의 몫을 받게 된다. 그들은 요셉이 갇혔던 그 감옥에 들어가게 된 것이다. 요셉의 호의와 선한 성품이 아니었더라면 그들은 삼 일 만에 풀려나지 못했을 것이다(17절).

3. 자기들의 죄를 생각하기 시작한 형들(42:18-28)

『요셉이 삼 일째 되던 날, 그들에게 말하기를 "너희는 이같이 행하여 살라. 이는 내가 하나님을 두려워함이라. 만일 너희가 진실한 자들이면, 너희 형제 중 한 사람만 감옥의 집에 갇히게 하고, 너희는 너희 집안의 기근을 위하여 곡식을 가지고 가서, 너희의 막내 아우를 내게 데려오라. 그리하면 너희의 말들이 증명되고 너희가 죽지 아니하리라." 하니, 그들이 그렇게 하니라. 그들이 서로 말하기를 "우리가 우리의 아우에 대하여 참으로 범죄하였도다. 그가 우리에게 애원할 때, 우리는 그의 혼의 괴로움을 보고서도 들으려 하지 않았으니, 그로 인하여 이 고난이 우리에게 임하였도다." 하고, 르우벤이 그들에게 대답하여 말하기를 "내가 너희에게 말하지 않았더냐? 말하기를 '아이에 대하여 죄짓지 말라.' 했으나, 너희가 들으려 하지 않았도다. 그러므로 보라, 그의 피가 또한 요구되는도다." 하더라.』(42:18-22).

『**너희는 이같이 행하여 살라.**』 요셉에 의해 "살 길"이 제시된다. 『**이는 내가 하나님을 두려워함이라. 만일 너희가 진실한 자들이면, 너희 형제 중 한 사람만 감옥의 집에 갇히게 하고, 너희는 너희 집안의 기근을 위하여 곡식을 가지고 가서, 너희의 막내 아우를 내게 데려오라. 그리하면 너희의 말들이 증명되고 너희가 죽지 아니하리라.**』 요셉은 우선 자신이 하나님을 두려워하는 사람임을 밝힌다. 그들 모두를 죽이거나 붙잡아 두면 하나님 앞에 악이 될까 두려워 그렇게 하지 않고, 한 사람만 붙잡아 둘 테니 막내아우를 데려와서 그들의 진실함을 증명해 보이라고 요구한 것이다. 형들의 양심은 3일간의 감옥생활로 충분히 살아났다. 21,22절의 대화 내용은 그들의 양심이 살아났음을 충분히 보여준다. 바로 이것이 요셉이 바라던 것이었다.

요셉은 그가 원했던 것 모두를 다 달성했다. 요셉은 이제 형들이 양심을 회복하면 베풀기로 생각했던 호의를 베풀고 그들을 기근으로부터 구원하기만 하면 되는 것이다. 형들은 은혜를 경험하게 되고(25절), 마음이 내려앉고 두려워하게 된다(28절). 죄인들도 동일하다. 죄인들이 하나님의 은혜를 경험할 때, 그들은 마음이 겸손해지고, 하나님을 두려워하게 된다.

4. 막내아들을 내려놓지 못하는 야곱(42:29-38)

『야곱이 말하기를 "내 아들은 너희와 함께 내려가지 못하리니 그의 형은 죽고 그만 홀로 남았는데 만일 너희가 가는 길에서 화가 그에게 미치면, 그때는 너희가 나의 백발로 슬픔과 더불어 음부로 내려가게 하는 것이라." 하더라』(42:38).

이집트로 갔던 아들들이 돌아와 이집트에서 있었던 일을 야곱에게 말하지만, 아직 야곱은 막내아들을 포기하지 못한다(42:29-38). 이러한 야곱의 모습은 고난을 구원과 은혜를 베푸시는 하나님께 순종하지 못하고, 자신의 자리에서 자신의 것을 움켜쥐고 포기하지 못하는 인간의 고집스러움과 자신을 스스로 변화시키지 못하는 인간의 완고함을 보여 준다.

모든 상황이 야곱이 원했던 것과 반대로 가고 있었다. 이것은 하나님께서 정하신 원칙에 기인한다. 왜냐하면 "죄의 삯은 사망"이고 그리스도인들마저도 "심은 대로 거두기" 마련이기 때문이다(갈 6장). 야곱은 교활하고, 속임수를 썼고, 이중적 가치관을 지녔고, 편견을 갖고 있었다(창 25:33; 27:24; 28:22; 30:37; 33:14 등). 그는 그가 젊은 시절에 뿌려 놓은 것을 늙은 나이에 "수확"하고 있는 것이다(사 17:11). 그는 이제 다리를 절면서(창 32:32) 눈은 반쯤 장님이 된 채(창 48:10) 그가 뿌려 놓은 것을 거두어들이고 있는 것이다.

문제의 인식과 해결에 관한 인류의 한계

럭크만 박사는 43장에 나온 야곱의 말에서 문제 인식과 해결에 관한 인류의 한계를 다음과 같이 통찰력 있게 제시하고 있다.

『너희가 어찌하여 너희에게 아우가 더 있다고 그 사람에게 말하여 나를 그처럼 해롭게 하느냐?』(43:6) 야곱은 사태를 정확히 파악하고자 애를 쓰고 있는 것이다. "정확한 사태 파악"이 문제의 해결을 가져올 것이라고 기대했던 것 같다. 오늘날 현대의 모든 교육자들과 과학자들의 태도가 정확히 바로 이것이다. "사태를 파악"하면 "문제를 해결"할 수 있다고 믿는 사람들이 너무도 많다. 그러나 문제는 "거듭남"만이 해결할 수 있으며 거듭나더라도 예수 그리스도께서 다시 오실 때까지는 문제가 완전히 해결될 수는 없다. 여러분은 달, 지구, 별, 인간의 본성, 역사, 미술, 음악, 종교, 문학, 자연에 대해 모든 것을 "이해"할 수는 있을지라도 문제 해결은 할 수 없다. "문제를 이해"하면 지적인 행동을 취함으로써 문제를 해결할 수 있다고들 생각하지만, 문제는 인간은 (한때 하나님과 교제를 갖고 있었다가) 타락한 죄 많은 존재라는 것이며 그 어떤 해결책도 이 문제를 해결할 수는 없다는 것이다. 왜냐하면 종교, 교육, 철학, 과학 등은 한결같이 이 문제 자체가 존재하지 않는다고 단정해 버리기 때문이다. 그 결과는 더 많은 전쟁들과 더 큰 전쟁들뿐이다. 인류 역사를 잘 숙고해 보라.

5. 야곱의 결단(43:1-14)

『그들의 아비 이스라엘이 그들에게 말하기를 "이제 그렇게 될 것이라면 이렇게 행하라. 너희는 이 땅에서 가장 좋

은 열매들을 그릇에 담아서 그 사람에게 선물로 가져가라. 즉 유향 조금과 꿀 조금과 향료와 몰약과 밤과 아몬드니라. 또 너희 손에 돈을 두 배로 가지고 너희 자루 아귀에 다시 가지고 온 그 돈을 다시 가지고 가라. 혹시 빠뜨린 것일 수도 있느니라. 너희 아우도 데리고 일어나서 다시 그 사람에게로 가라. 전능하신 하나님께서 그 사람 앞에서 너희에게 자비를 베푸시어 그 사람이 너희 다른 형제와 베냐민을 보내 주기를 바라노라. 만일 내가 내 자식들을 잃으면 잃으리로다." 하더라』(43:11-14).

<u>**야곱은 이제 믿음으로 살겠다고 고백한다**</u>. 자식의 운명을 하나님의 손에 온전히 내어 맡긴 것이다(14절). 하나님의 다루심을 통해 결국 야곱은 모든 것을 하나님께 완전히 맡길 수밖에 없는 처지에 놓이게 된 것이다. 『**전능하신 하나님께서 그 사람 앞에서 너희에게 자비를 베푸시어 그 사람이 너희 다른 형제와 베냐민을 보내 주기를 바라노라. 만일 내가 내 자식들을 잃으면 잃으리로다**』(14절). 우리는 바로 여기서 참된 성도의 이상적인 균형 잡힌 신앙을 볼 수가 있다. 그는 불행을 확실하고 필요한 것으로 받아들이는 운명론적 태도를 갖고 있음과 동시에 전능하신 하나님께서는 시간과 여건을 변경시켜 죄인들에게 자비를 베푸시어 재앙을 피하도록 도우신다는 확신을 갖고 있다.

6. 형들을 선대하는 요셉(43:15-34)

『그들이 요셉 앞에 앉되, 장자는 그의 장자권대로, 막내는 그의 젊은 서열대로 앉았으니, 그 사람들이 서로 기이히 여기더라. 요셉이 자기 앞에서부터 그들에게 음식을 집어 주는데 베냐민의 음

> 식은 그들 중 누구보다도 많아 다섯 배나 되더라. 그들이 요셉과 함께 마시고 즐거워하더라』(43:33,34).

이 사건은 성경에서 가장 위대한 장면 중 하나이다. 주의 만찬, 부활하신 구주께서 다락방에 나타나신 사건, 욥의 회복, 그리고 므피보셋의 입양 등과 버금가는 극적인 장면이라 할 수 있다. 이 사건은 세 부분으로 되어 있는데, 첫 번째는 43장이며, 그 다음은 44:1-13, 마지막은 44:14-34이다. 예표적으로 보자면, "죄인의 회심"이 완결되는 모습을 보여 주며, 동시에 대환란 끝에 있을 이스라엘의 회심과 회복을 보여 주고 있다.

우리는 본문을 통해 죄인의 상태가 향상되어 가는 과정을 살펴볼 수 있다. 주님은 죄인이 주님을 보기 전에 미리 그를 알아본다. 복음의 잔치(16절)는 미리 준비되어 있다(마 22:1-5). 이 복된 소식에 대한 죄인의 반응은 두려움이다(18절). 이는 그의 양심이 그가 그런 대접과 자비를 받을 만한 자격이 없는 자라고 지적하고 있기 때문이다(눅 5:8의 시몬 베드로 참조). 죄인은 이제 단순히 핑계를 대는 것에 그치지 않고 절망적으로 자신의 처지를 이해시키려고 애쓴다(21,22절). 죄인들은 통치자와 함께 먹기 위해 "깨끗하게" 되었으며(24절), 그와 함께 마시고 즐거워했다(34절). 이 모든 것은 구원의 과정을 보여 준다.

7. 야곱의 집을 구원한 요셉(45-47장)

> 『요셉이 파라오가 명령한 대로 그의 아비와 형제들을 정착시켰고, 이집트 땅에서 그들에게 소유를 주었으니 가장 좋은 땅 라메세스의 땅을 주었더라. 요셉이 그의 아비와 그의 형제들과 그의 아비의 집안을 그들의 가족대로 양식으로 부양하였더라』(47:11,12).

요셉은 양식을 얻기 위해 베냐민과 함께 온 형들을 선대하고, 자신이 요셉임을 드러낸다. 그리고 가족이 모두 이주하여 안정된 삶을 살 수 있는 기반을 마련해 준다. 야곱의 집안이 온전히 요셉에게 의탁했을 때, 그들은 단순히 기근을 면하는 정도의 혜택을 입은 것이 아니라, 아직 여러 해 남은 기근으로부터 온전히 구제되고 가장 좋은 땅인 새로운 땅에서의 풍요를 누릴 수 있게 되었다.

요셉의 모습에서 죄인들을 선대하시고, 고난에서 구해 내시는 예수 그리스도의 모습을 볼 수 있다. 또한 예수 그리스도께 온전히 의탁한 성도에게 더 큰 은혜로 복 주시는 그분의 사랑을 이해할 수 있다. 『**내가 온 것은 양들로 생명을 얻고 더 풍성히 얻게 하려 함이라**』(요 10:10).

구원자로서의 예수 그리스도의 모형 요셉

1. 죄과를 그들에게 돌리지 않는 요셉
2. 선지자요(41:25-31), 제사장이며(45:8 "아비," cf. 판 17:10), 통치자(8절, cf. 딤전 6:15)인 요셉
3. 자신을 계시한 요셉
4. 성별로 인도하는 요셉("이집트"가 아닌 "고센" 땅에 정착하게 인도함)
5. 형제애로 뜨겁게 사랑하는 요셉
6. 여전히 살아 있는 요셉

■ 새롭게 깨달았거나 적용할 내용이 있다면 적어 보세요. ■

◈ 예수 그리스도의 모습을 보여 주는 요셉의 140가지 예표 III ◈

83. 처음에는 알아보지 못함(창 42:8 vs. 요 1:10,11)
84. 피가 요구됨(창 42:22 vs. 마 27:25, 행 5:28)
85. 다른 언어로 말씀하심(창 42:23 vs. 사 28:11, 행 2:4)
86. 함께 식사를 함(창 43:16 vs. 눅 12:35-40)
87. 내 잔(창 44:2 vs. 마 20:23)
88. 삼위일체의 제1격과 동등하심(창 44:18 vs. 요일 5:7, 요 10:30)
89. 예수님께서 부활하신 이후에 제자들에게만 자신을 계시하심(창 45:3 vs. 고전 15:1-10)
90. 재림 때 이스라엘 열두 지파에게 자신을 드러내심(창 45:3 vs. 슥 12:10; 13:6, 계 1:7)
91. 부활하신 주 예수 그리스도 앞에서 불안해하는 제자들(창 45:3 vs. 눅 24:37-41)
92. 미리 아심을 따라 내어준 분(창 45:5 vs. 행 2:23)
93. 주 예수 그리스도를 통해 생명이 보존되고 큰 구원으로 건져짐(창 45:5,7 vs. 히 2:3)
94. 아버지와 주와 치리자(창 45:8,9 vs. 사 9:6, 롬 14:9, 미 5:2 - "ruler")
95. 이집트 땅의 좋은 것이 이스라엘 백성의 것이 됨(창 45:20 vs. 사 19:24,25)
96. 다투는 것에 대해 책망함(창 45:24 vs. 막 9:33,34)
97. 서로 사랑하라고 격려함(창 45:24 vs. 요 13:34,35; 15:12,17)
98. 형제들을 메시지와 함께 보냄(창 45:24,25 vs. 마 28:18-20)
99. 살아 있음(창 45:26,28 vs. 마 28:6,7, 막 16:6, 눅 24:6,34)

100. 참된 증인은 그리스도의 모든 말씀을 증거함(창 45:27 vs. 행 20:27)
101. 위대한 잔치에 오도록 초청함(창 45:27 vs. 마 22:1-14)
102. 죽기 전에 주를 봄(창 45:28 vs. 눅 2:26)
103. 백성을 맞이하러 나옴(창 46:29 vs. 살전 4:13-18)
104. 주님의 백성은 세상 사람에게 가증스럽게 여겨짐(창 46:34 vs. 요 16:1-6)
105. 부지런한 자에게 보상하심(창 47:5,6 vs. 히 6:10; 11:6)
106. 그분의 백성을 왕께 소개하고 인도함(창 47:7 vs. 벧전 3:18)
107. 백성들을 땅에 정착시킴(창 47:11 vs. 렘 24:6, 암 9:15)
108. 백성들에게 소유를 주었음(창 47:11 vs. 계 5:10, 눅 19:12-27)
109. 백성들에게 가장 좋은 땅을 주었음(창 47:11 vs. 출 3:8,17; 13:5, 신 26:9)
110. 백성들을 양식으로 부양하고 생명을 보존함(창 47:12 vs. 요 6:5-69)
111. 땅을 샀음(창 47:20,23 vs. 마 13:43,44)
112. 씨를 뿌리는 자에게 공급하심(창 47:23 vs. 고후 9:10)
113. 생명을 구원함(창 47:25; 50:20 vs. 마 1:21; 18:11, 눅 9:56)
114. 은혜를 베풂(창 47:25,29 vs. 요 1:17, 롬 16:20)
115. 종들로 삼음(창 47:25 vs. 갈 1:10, 엡 6:6)
116. 유업을 줌(창 47:26 vs. 골 3:24)
117. 친절하고 진실함(창 47:29 vs. 갈 5:22, 약 3:17, 계 19:11)
118. 아버지의 말씀대로 행함(창 47:30 vs. 눅 22:42)
119. 열매를 맺음(창 49:22 vs. 요 12:24)
120. 샘 곁에 열매가 많고 담을 넘어 뻗치는 가지(창 49:22 vs. 요 15:1-5, 갈 5:22)

121. 활과 화살(창 49:24 vs. 시 38:2; 77:17; 144:6, 합 3:11)
122. 강한 팔(창 49:24 vs. 시 89:10, 렘 21:5)
123. 목자(창 49:24 vs. 요 10:11,14)
124. 돌(창 49:24 vs. 단 2:34,35,45, 벧전 2:4,7)
125. 하나님의 도움을 받음(창 49:25 vs. 사 50:7,8)
126. 복을 받았음(창 49:25,26 vs. 행 2:26,27,31, 엡 1:3, 딤전 6:15)
127. 분리됨(창 49:26 vs. 히 7:26)
128. 이집트(세상의 예표)로 돌아감(창 50:5,14 vs. 요 14:3, 행 1:11, 계 19,20장)
129. 어린 것들을 남겨 둠(창 50:8 vs. 요 14:18)
130. 울었음(창 50:17 vs. 요 11:35)
131. 값없이 용서했음(창 50:17 vs. 눅 23:34)
132. 두려워 말라(창 50:19,21 vs. 요 6:20; 14:27)
133. 듣는 대로 심판하시고, 또 심판하러 오시지 않았음(창 50:19 vs. 요 5:30; 12:47)
134. 하나님에 의해 선한 목적에 쓰임을 받았음(창 50:20 vs. 눅 23:34)
135. 백성을 위로하고 다정하게 말함(창 50:21 vs. 사 40:1; 66:13, 눅 2:25)
136. 이집트에서 자기 뼈를 가지고 올라갔음(창 50:25, 출 13:19, 수 24:32 vs. 마 28:6)
137. 죽음과 부활(창 50:25,26 vs. 롬 4:25, 고전 15:3-5)
138. 장자권을 지닌 요셉과 첫태생(장자)이신 예수 그리스도(대상 5:1 vs. 마 1:25, 눅 2:23)
139. 열두 지파와 열두 제자(창 49:28 vs. 마 10:1)
140. 왕의 별(창 37:9 vs. 민 24:17, 마 2:2)

제5과
복습문제

1. 『르우벤이 그들에게 대답하여 말하기를 "내가 너희에게 말하지 않았더냐? 말하기를 '아이에 대하여 (　　　　)짓지 말라.'했으나, 너희가 들으려 하지 않았도다. 그러므로 보라, 그의 (　　　　)가 또한 요구되는도다." 하더라』(창 42:22).

2. 『야곱이 말하기를 "내 아들은 너희와 함께 내려가지 못하리니 그의 형은 죽고 그만 홀로 남았는데 만일 너희가 가는 길에서 화가 그에게 미치면, 그때는 너희가 나의 백발로 슬픔과 더불어 (　　　　)로 내려가게 하는 것이라." 하더라』(42:38).

3. 『(　　　　)하신 하나님께서 그 사람 앞에서 너희에게 (　　　　)를 베푸시어 그 사람이 너희 다른 형제와 베냐민을 보내 주기를 바라노라. 만일 내가 내 자식들을 잃으면 잃으리로다』(창 43:14).

4. 『내가 온 것은 양들로 (　　　　)을 얻고 (　　　　) 얻게 하려 함이라』(요 10:10).

■ 새롭게 깨달았거나 적용할 내용이 있다면 적어 보세요. ■

NOTES

NOTES

복습 문제 정답

제1과

1. 도움
2. 성령님, 교회
3. 복음 전파
4. 자유 의지
5. 믿음, 믿음

제2과

1. 험악
2. 하나님
3. 하나님
4. 고난
5. 그리스도인
6. 고난

제3과

1. O
2. 꿈
3. 물
4. X
5. X

제4과

1. 해석
2. 예언, 예언
3. 꿈
4. 영

제5과

1. 죄, 피
2. 음부
3. 전능, 자비
4. 생명, 더 풍성히

<추천도서>

창세기 I

피터 S. 럭크만 지음 / 582쪽

25,000원(eBook 17,900원)

신구약에 나오는 모든 주요 교리는 창세기의 처음 12장에서 전부 발견 된다. 본서는 하늘들과 땅, 인간, 죄, 구속, 인종, 언약들의 기원 및 예수 그리스도와 적그리스도의 예표 등을 보여 준다.

창세기에 나타난 그리스도의 초상화들

M. R. 디한 지음 / 264쪽

7,000원(eBook 4,900원)

이 책은 창세기에 그리스도의 모습이 얼마나 다양하게 나타나 있는가를 잘 보여 준다. 우리는 그 모습을 보면서 주님을 더 사랑할 수 있을 것이다.

성경지도

편집부 지음 / 112쪽 / 15,000원

이 책 한 권으로 성경의 지리들을 이해함과 동시에, 구약과 신약에 있어 개론적으로 알아야 할 모든 것들을 이해할 수 있게 된다.

믿음의 좁은길

조지 문델 지음 / 152쪽

4,000원(eBook 2,900원)

이 책은 아브라함의 생애를 조명하는 가운데 우리가 그리스도인으로서 승리의 삶을 살 수 있는 방법을 제시하고 있다.

솔로몬 성경공부 시리즈

창세기에 나타난 모형들과 원형들 II

초판인쇄 2024년 11월 6일
초판발행 2024년 11월 7일
지 은 이 / 편 집 부
발 행 인 / 박 승 용
발 행 처 / 말씀보존학회
출판등록 / 제409-2022-000036호
주 소 / 서울 강서우체국 사서함 제90호
전 화 / (02) 2665 - 3743
팩 스 / (02) 2665 - 3302
인 터 넷 / www.biblemaster.co.kr

잘못된 책은 바꿔 드립니다.

값 10,000 원